DU MÊME AUTEUR

Aux Éditions Gallimard

UN HOMME EFFACÉ, roman, 2013 (« Folio » n° 5829). Goncourt du premier roman. Prix Landerneau Découvertes.

L'ASCENDANT, roman, 2015 (« Folio » n° 6176). Prix littéraire du Deuxième Roman 2016.

LES DEUX PIGEONS, roman, 2016 (« Folio » n° 6437).

UN AUTOMNE DE FLAUBERT

ALEXANDRE POSTEL

UN AUTOMNE DE FLAUBERT

roman

GALLIMARD

Pour et grâce à J.

Un port est un séjour charmant
pour une âme fatiguée des luttes de la vie.

BAUDELAIRE

1

À son entrée dans Concarneau, Flaubert crève de sommeil et de faim.

La veille, il était à Deauville afin de conclure devant notaire la vente de sa ferme. De Deauville, il s'est rendu à la gare de Trouville où il a pris le train pour Lisieux ; à Lisieux, il monte à bord d'un tortillard qui descend vers Le Mans. Arrivé au Mans, il attend jusqu'à une heure du matin le passage du rapide de Brest ; mais Flaubert ne va pas à Brest, il descend à Rennes et bifurque vers le sud ; en gare de Redon il rejoint la ligne qui, longeant la côte, remonte vers le Finistère en passant par Auray, Vannes, Lorient, Rosporden ; Rosporden où, après une nuit passée à regarder par la fenêtre du wagon la lune filer derrière les arbres, il descend à dix heures du matin, le jeudi 16 septembre 1875.

Il ne lui reste plus qu'à patienter quatre heures en attendant le départ de la voiture pour Concarneau.

*

À demi éveillé durant ces heures mortes, il se souvient de son précédent passage à Rosporden, presque trente ans plus tôt. Le chemin de fer ne traversait pas encore ces régions ; Du Camp et lui allaient le plus souvent à pied, longeant les cours d'eau et les haies, s'arrêtant dans les églises et les auberges ; ils s'amusaient d'un visage, songeaient devant les tombeaux, contemplaient les clématites en fleur, les vieilles pierres recouvertes de lierre, la forme d'une colline éloignée dans la brume. Rosporden leur avait fait l'impression d'un bourg austère où, même en plein marché, on n'entendait pas un bruit, pas un rire, pas un cri : le silence enveloppait ces transactions de pauvres et tout, jusqu'aux longs cheveux qui semblaient couler sous les chapeaux de feutre, dégageait une tristesse de chien mouillé. Des mendiants harcelaient les voyageurs en marmonnant des prières ; la flèche de pierre de l'église se dressait, grisâtre, dans le ciel gris.

Flaubert avait alors vingt-cinq ans. L'année précédente, à quelques semaines d'intervalle, il avait perdu son père puis sa sœur cadette, emportée par une fièvre puerpérale. Respirer, voilà ce qu'il attendait de cette errance par les champs et par les grèves ; humer à pleine poitrine un air plus vif et plus puissant ; se libérer pour quelques semaines de la tristesse de sa mère et du navrant spectacle de sa nièce, la petite orpheline dont les Flaubert ont obtenu la garde.

Cette vie nouvelle dont il était parti puiser les influx dans le déferlement des vagues, la profondeur des forêts et la monotonie des landes, il songe, en ruminant ses souvenirs dans Rosporden retrouvée, qu'elle est à son tour révolue. Il a cinquante-trois ans : sa deuxième vie a duré exactement aussi longtemps que la première. À présent une autre vie doit commencer, ou plutôt une survie – en attendant la fin qui ne saurait tarder.

*

Autour de lui tout meurt. Son ami Bouilhet, le poète-professeur assez savant pour comprendre ses projets, assez rigoureux pour les éplucher sans pitié, trop délicat pour avoir produit lui-même autre chose que des œuvrettes sans importance ; sa pauvre mère dont il s'est aperçu, mais trop tard, qu'elle était l'être qu'il a le plus aimé ; et puis les autres, Jules de Goncourt, Gautier, le petit Duplan qui comprenait si bien Sade, Ernest Feydeau, tous ces lettrés dont la fréquentation rendait la vie moins ennuyeuse et qui tombent comme des mouches.

Il se sent seul ; souvent il se plaint de vivre dans un cimetière ou, ce qui revient au même, sur le radeau de la Méduse ; il est à la fois *le désert, le voyageur et le chameau*[1]. Il n'a personne à qui parler de ce qui importe : non pas des lois constitutionnelles et du président Mac Mahon, ni des crues de la Garonne, ni des expéditions africaines de Savorgnan de Brazza, ni de la définition du mètre étalon, mais de ce qui l'attriste et plus encore de ce qui le réjouit, Homère, Goethe, Rabelais, Shakespeare.

Il y aurait bien Tourgueniev, mais le Moscove est toujours par monts et par vaux, tantôt en Russie, tantôt à Bade, tantôt à Bougival, si bien qu'on a les pires peines du monde à le

1. Sauf indication contraire, les expressions ou phrases en italique sont de Flaubert.

faire venir jusqu'à Croisset pour une bonne causerie. Et puis Tourgueniev, en homme soumis aux volontés de la femme qu'il aime, ne se livre à l'amitié que par saccades : c'est agaçant.

George Sand ? Cette femme est la bonté même ; sa tendresse, sa générosité n'ont pas de bornes. Elle invite sans relâche Flaubert à Nohant où il lui est arrivé de passer quelques jours heureux en compagnie de la tribu qu'elle s'est créée, enfants, petits-enfants, voisins, rassemblés autour d'un spectacle de marionnettes. Mais la mère Sand le fatigue avec ses idées sur le suffrage universel et l'éducation des masses ; elle ignore ce que c'est que la haine.

Quand Flaubert lui avoue qu'il broie du noir et voudrait être mort, elle lui recommande de bien dormir, de bien manger, et surtout de faire de l'exercice : sage conseil à n'en pas douter, très sage conseil, qui ne peut émaner que d'un esprit lucide, calme et borné – borné par choix, mûrement, profondément borné, à la façon de ces médecins de campagne dont on se demande, tant leur face exprime de simplicité, de confiance et de sérénité, si ce sont de parfaits imbéciles ou s'ils détiennent sur la santé, le bonheur et la vie, un savoir inaccessible aux âmes compliquées. George Sand est de cette étoffe-là ; cela ne peut combler les aspirations de Flaubert et elle le sait.

Plus orgueilleuse, elle en aurait pris offense ; plus indifférente, elle se serait contentée de déplorer, entre deux romans champêtres, l'infortune de son ami. Mais George Sand se tient sur la fine pointe de l'âme, au-delà de l'orgueil, en deçà de l'indifférence, dans cette région à la fois très basse et très élevée qui reçut autrefois le nom d'humilité. Admettant son impuissance à consoler Flaubert sans pour autant se désintéresser de son sort, elle suspend un instant la rédaction des *Contes d'une grand-mère* et pense à lui ; humblement, activement, dans sa chambre bleue de Nohant, elle se demande ce qui lui serait bénéfique. Marcher davantage, se marier, employer son existence au service des autres : non, ces réponses-là viennent encore d'elle. Peu à peu, à force d'attention, elle se déprend de ses opinions, de sa personne.

Elle essaie de se mettre à la place de Flaubert. Elle s'imagine dans le corps de cet homme plus grand et plus gros que les autres. Elle s'absorbe dans ses humeurs. Elle ferme les yeux, les rouvre ; c'est l'heure où les cèdres du parc ont des reflets bleus. Une idée lui vient. Elle écrit aussitôt à son ami pour lui en faire part : il devrait fréquenter davantage le père Hugo.

*

Flaubert juge l'idée excellente. La dernière fois qu'ils se sont vus, Hugo a poussé la bonté jusqu'à réciter à son intention, par cœur et en latin, une page de Tacite. C'était quelque chose comme l'enseigne du monde latin que brandissait pour lui et devant lui l'un de ses derniers tribuns, dans un cérémonial qui relevait de l'adoubement, voire de l'adoption. À sa manière, Victor Hugo lui disait : je suis un Latin, et toi aussi, et je le sais ; nous sommes tous deux des rejetons tardifs de cette civilisation disparue.

Flaubert s'est toujours senti latin ; jeune, il se plaisait à croire qu'il avait, dans une existence antérieure, dirigé une troupe de comédiens ambulants sous le principat de

Domitien. La guerre et la défaite de 1870 ont ancré plus profondément en lui la conscience de son appartenance à ce monde latin dont la victoire de la Prusse a précipité l'agonie. La Prusse : abominable combinaison de l'économie, du militarisme et de l'utilitarisme. Il n'y a plus de place pour les Latins dans un monde dominé par la Prusse, car être un Latin, c'est penser que la vie nécessite *de grands allègements*. C'est connaître la valeur de l'inutile.

Pétrone était un Latin. Dans son *Satiricon*, la laine qui sert à bourrer les lits de Trimalcion est teinte en pourpre. Tremper dans la teinture la plus luxueuse du monde antique une laine dont nul ne verra jamais la couleur, voilà un *grand allègement*; une chose splendidement inutile; une idée qui ne pouvait germer que dans un esprit latin.

Le personnage auquel vient cette idée, l'homme aux lits bourrés de laine purpurine, le richissime Trimalcion, est un esclave affranchi d'origine orientale. Nul n'est plus latin, au sens où l'entend Flaubert, que cet Oriental.

Être un Latin, c'est porter en soi l'Orient, à l'image de ce territoire dont les légions, procurateurs et proconsuls repoussèrent les limites jusqu'en Phrygie, en Phénicie, en Arabie pétrée, noms dont la seule profération suffit à jeter Flaubert dans l'extase.

Être un Latin, c'est savoir que le style est un empire capable de tout contenir, de Rotomagus à Palmyre ; c'est embrasser du même regard le marbre et le jet d'urine qui le souille, l'ordre et l'ordure, le rituel et sa parodie, la langue et sa contrefaçon.

Victor Hugo est un Latin. Il tient à la fois du grand crocodile majestueusement étendu sur les berges du Nil et du petit mammifère au regard oblique, l'ichneumon, qui se jette dans la gueule du crocodile pour lui dévorer le foie.

Nul n'est plus indifférent à ces subtilités qu'un Prussien. Dans un monde dominé par la Prusse (et il va de soi, la Prusse étant une contrée mentale, que l'on peut être à la fois prussien et français), l'Art ne s'apprécie ni pour les allègements qu'il procure, ni pour l'Orient qu'il porte en lui, mais à l'aune de l'utilité, de l'efficacité et du succès.

Flaubert en est malade. Hugo avait su le consoler.

*

Flaubert retourne donc, un soir de mars, au 21 rue de Clichy – et sitôt qu'il a passé la porte, il regrette d'être venu, tant son humeur en ce printemps est encline à tout flétrir. Il maudit les conseils ineptes de la mère Sand et plus encore sa propre naïveté en voyant s'empresser dans le salon, sous un oppressant plafond de soie cerise, publicistes, politiques, et affidés de toute sorte : ces barbes noires dont aime à s'entourer la barbe blanche lui répugnent. Il ne comprend pas qu'un homme capable d'écrire « Booz endormi » puisse goûter une compagnie pareille. Il ne songe qu'à repartir au plus vite.

Mais Hugo l'a remarqué, vient lui serrer la main, le présente à un illustrateur, à un député républicain, à un chroniqueur du *Rappel* auquel il vante la noble prose et la pensée élevée de *La Tentation de saint Antoine* ; puis il lui glisse, avant d'accueillir un autre visiteur : « Restez dîner, nous causerons. » Flaubert répond qu'il en serait honoré. Il a vu briller dans l'œil du maître, durant ce bref échange, la flamme d'une connivence profonde ; un mince espoir renaît dans son cœur.

Cet homme-là a tout vu, tout lu, tout vécu. C'est en le lisant que Flaubert a appris à respirer le monde. Son souffle a fait battre son cœur, ses vers sont entrés dans son sang. Et puis, Hugo connaît la souffrance et la tentation du néant. On dit que la nuit, cherchant le sommeil, il entend des bruits mystérieux, des frappements ; que des voix d'enfants murmurent à son oreille « papa, papa » ; qu'il aurait fait placer, au chevet de son lit, une veilleuse qu'il n'éteint jamais. Pourtant, ni la force ni l'espérance ne l'ont quitté. Du fond de l'ombre qu'il porte en lui, toujours par quelque soupirail il entrevoit la clarté.

*

Le visiteur s'est assis sur un pouf tendu de soie noire. Sur un piédestal, au centre de la pièce, se dresse un éléphant de bronze et d'or, supportant une pagode à trois étages. La lumière d'un lustre vénitien tombe d'aplomb sur cette monumentale chinoiserie. À la différence des barbes noires assemblées dans le salon, Flaubert a lu en entier *Les Misérables* ; il se souvient de la statue géante, en forme d'éléphant, dans l'armature de laquelle se cache Gavroche, place de la Bastille. Un colosse abritant un enfant ; la force d'un père mêlée à la douceur d'une mère ; un monstre habitable : c'est l'éléphant de la Bastille, c'est le peuple vu par Hugo, c'est l'œuvre de Hugo tout entière et le symbole de son imagination. Dans un livre paru la même année que *Les Misérables*, Flaubert aussi avait rêvé des éléphants. Leurs oreilles étaient peintes en bleu, leurs défenses dorées, leurs trompes enduites de minium. Ils poussaient, dans la bataille, des barrissements furieux. Des épieux, des lames de fer garnissaient leur harnachement; *et pour les rendre plus féroces, on les avait enivrés avec un mélange de poivre, de vin pur et d'encens.* Assis sur son pouf, entre un député républicain et un groupe de femmes dont les jupons froncent et chiffonnent sur le velours des chaises, Flaubert songe aux éléphants de Carthage, à l'éléphant de la Bastille, et se dit qu'on ne saurait imaginer deux représentations plus différentes du même animal.

Il a chaud; il déboutonne son gilet et se demande avec impatience quand donc on servira le dîner.

*

À table, il subira de longues conversations politiques, entrecoupées de mots d'enfants – Hugo tient à ce que ses deux petits-enfants dînent avec les adultes. Pour les amuser, leur grand-père s'empare d'une patte de homard et, sans prendre la peine de la décortiquer, la porte directement à sa bouche où elle disparaît dans un craquement formidable.

Flaubert assiste à la scène avec stupéfaction; avec tristesse aussi, cette tristesse que fait naître en tout homme le constat d'une dissemblance trop prononcée avec l'un de ses semblables. Lui serait bien incapable d'une telle prouesse : les dents qui lui restent peuvent se compter sur les doigts d'une main. Quoique de vingt ans son aîné, l'homme qui vient de broyer sous ses yeux une carapace de homard n'a perdu à ce jour que trois dents; on le sait, car il tient le registre exact des vicissitudes de sa denture. Hugo a donc perdu à peu près autant de dents que n'en compte la mâchoire supérieure de Flaubert.

Celui-ci a l'impression que son hôte pourrait le dévorer si l'envie le prenait ; le seul moyen de survivre dans la compagnie d'un tel personnage, songe-t-il, est d'imiter les mœurs de cet oiseau nommé pluvian qui, sur les bords du Nil, se nourrit des restes qu'il picore entre les dents du prédateur suprême. C'est ce que font les Vacquerie, les Meurice, et tous les plumitifs du *Rappel;* et c'est ce qu'ont fait, d'une manière ou d'une autre, tous ceux qui dans ce siècle se sont mêlés d'écrire. Tous sont voués à s'agiter dans le bâillement sans fin du grand crocodile.

La petite Jeanne, sept ans, s'est endormie sur son assiette. Aux domestiques venus débarrasser, Victor Hugo demande qu'ils ne la réveillent pas. On s'attendrit de cette délicatesse.

« Et maintenant, causons », dit le grand-père à l'homme sans descendance.

*

Comment ils en vinrent à parler de Goethe et si, pour en arriver là, ils passèrent par Shakespeare, Eschyle, ou Alexandre Dumas fils qui vient de commettre une préface à *Werther*, la chose est plus difficile à retracer qu'un itinéraire de Deauville à Concarneau ; toujours est-il que de Goethe on causa, qu'à son sujet Victor Hugo débita sottise sur sottise avec un aplomb pachydermique, que Flaubert en fut si accablé qu'il s'éclipsa dès qu'il le put et que le voilà rue de Tivoli, rue de Londres, rue de Madrid, s'en retournant chez lui à pied (encore un conseil de George Sand) et déplorant à pleine voix, sur les trottoirs déserts, le crépuscule de son idole : *Faust*, une œuvre faible ! *Prométhée*, jamais entendu parler ! *Les Affinités électives,* pas de Goethe ! Mais c'est désolant ! À se jeter du pont de l'Europe ! Si Victor Hugo n'a rien de mieux à dire que n'importe quel bourgeois de Rouen, qu'attendre de la vie ?

La poitrine de Flaubert se gonfle d'un soupir qui s'achève en sanglot.

*

De retour dans son quatrième étage de la rue Murillo, il se met au balcon. La nuit de mars est fraîche. Au-dehors, dans l'ombre, les arbres du parc Monceau frémissent au vent.

Le désespoir dans lequel l'a plongé la conversation de Victor Hugo n'a pas faibli, mais il s'est compliqué. À son dégoût se mêle à présent la conscience douloureuse, étonnée, de cette pente en lui qui le conduit si aisément au dégoût. Il sent bien qu'en allant voir Victor Hugo, il ne demandait qu'à se dégoûter de Victor Hugo, et cela l'empêche de goûter pleinement son dégoût. Il aimerait croire que la vie n'a rien à offrir, que le monde est haïssable et peuplé d'imbéciles ; il ne parvient pas à s'en persuader tout à fait. Le mal, il le sait, est dans son cœur.

Autrefois, il avertissait ses amis qui médisaient de Victor Hugo. Bien sûr, leur expliquait-il, c'est un démagogue, un bénisseur, il flatte *la vermine philosophico-évangélique*, mais on ne se permet pas de critiquer l'homme qui a écrit un vers que lui, Flaubert, aurait tout donné pour écrire, tout ! ses baisades en Égypte, sa *Bovary*, les sandales en papyrus de la fille d'Hamilcar :

L'ombre était nuptiale, auguste et solennelle.

À ceux qui croyaient lui faire plaisir en dénigrant Hugo, il répétait que les imperfections des maîtres doivent rester voilées. Cette générosité, il l'a perdue : la conscience de son amoindrissement le navre.

Il regagne l'intérieur de son appartement, referme la fenêtre, se laisse tomber en soupirant dans un fauteuil. De nouveau les larmes se mettent à couler. L'image de sa mère se présente à sa pensée ; ses pleurs redoublent.

Voilà quelque temps qu'il n'est plus maître de ses émotions : signe certain de décrépitude.

2

La cause de sa détresse, en ce printemps 1875, ne lui est pas inconnue. Il aura jusqu'au bout tenté de fermer les yeux sur le problème, et à cet égard la phrase qu'il n'a jamais prononcée est exacte : Madame Bovary, c'est lui. Avec la même inconscience qu'Emma remettant, à coups de billet d'escompte, la fortune de son ménage entre les mains d'un implacable usurier de village, Flaubert a longtemps vécu dans l'insouci de ses finances. Mais, à la différence de son héroïne qui se consumait dans une frénésie de luxe et d'amour, il ne dispose pas du privilège tragique d'être l'auteur de sa propre ruine. Ce qui lui arrive est plus compliqué et plus bête ; infiniment plus compliqué et infiniment plus bête, comme toujours dans ce qu'il est convenu d'appeler les affaires de famille.

Lui qui n'a jamais exercé d'emploi a toujours vécu en rentier : le capital foncier laissé par son père le lui permettait. À la mort de sa mère, il a hérité, à Deauville, d'une ferme qui lui assure chaque année de confortables revenus. Croisset, où il réside, ne lui appartient pas : c'est la propriété de sa nièce Caroline, la petite orpheline à laquelle il porte une affection quasi paternelle, ou plutôt maternelle – les lettres qu'il lui adresse sont signées *Ta vieille nounou.*

À dix-huit ans, Caroline a épousé un négociant spécialisé dans le commerce du bois, de douze ans son aîné – et ce sur les conseils de Flaubert, qui n'aurait pas supporté qu'elle choisisse, comme elle en caressait d'abord le projet, un artiste, c'est-à-dire un gueux, un crève-la-faim, et probablement un sadique. La jeune fille sensible, éprise de poésie et de dessin, élevée par son oncle dans le culte du beau, se voit donc jetée, par ce même oncle, dans les bras d'un *brave garçon inférieur.* Flaubert, au moment du mariage, se justifie ainsi : il aime cent fois mieux voir sa nièce épouser *un épicier millionnaire qu'un grand homme indigent.*

Par malheur, l'exploitant forestier est assurément épicier, mais il n'est pas millionnaire ; il l'est si peu qu'il se retrouve, une dizaine d'années plus tard, au bord de la faillite. C'est donc un épicier indigent, cas de figure non prévu par l'arithmétique matrimoniale de la vieille nounou. Voltaire avait raison : la vie est une froide plaisanterie.

Flaubert était persuadé que le mariage de sa nièce protégerait celle-ci du besoin ? Il découvre avec horreur qu'elle est l'épouse d'un commerçant ruiné, et que son nom de femme mariée sera, si la faillite est déclarée, voué au déshonneur.

Il a toujours éprouvé, à l'égard des questions d'argent, une insurmontable répugnance ? Le voilà obligé de se plonger dans des affaires auxquelles il ne comprend rien et que personne ne prend le temps de lui expliquer.

Il s'imaginait avoir tout sacrifié – mariage, fortune, plaisirs – à son indépendance et à sa liberté ? Il comprend qu'il n'est ni libre, ni indépendant. Ses revenus lui sont versés, pour l'essentiel, par sa nièce, qui le prie désormais de réduire son train de vie; plus grave, elle n'exclut pas de vendre Croisset pour éviter la faillite; quant à la seule propriété qu'il possède en son nom, la ferme de Deauville, il va devoir la mettre en vente pour les mêmes raisons.

Lui qui, en ses moments d'exaltation, se rêvait en Christ de l'art, en athlète du style, en dernier des Latins, découvre soudain son reflet dans le miroir du monde et ce reflet est celui d'un enfant, d'un petit garçon à peine capable de faire ses besoins. C'est plus qu'une humiliation : une déchéance. L'édifice de sa vie est en train de crouler : les choix qu'il a faits dans sa jeunesse, les principes qu'il s'est donnés, tout vacille. Il s'est trompé sur toute la ligne. Il a perdu toute estime de lui-même. Il prend la mesure de son néant.

*

D'aucuns, n'admettant pas que chaque vie a une manière bien à elle de s'effondrer, jugeront peut-être son chagrin tolérable : il n'y a pas, diront-ils, mort d'homme – un neveu ruiné, des soucis d'argent, et alors? Grêles déboires de bourgeois irresponsable.

Mais c'est justement parce qu'elle est tolérable que la situation de Flaubert est atroce. Un malheur intolérable, on ne le tolère pas : au-delà d'un certain degré d'affliction, l'esprit s'éclipse dans la sidération, le délire ou le déni. Et puis, comme le désert a ses oasis, les grandes douleurs ont parfois d'étranges adoucissements – à commencer par cela même qu'elles sont, précisément, de « Grandes Douleurs ».

Rien de tel ici. Le malheur de Flaubert est tout à fait tolérable, en effet : usant, mesquin, et vaguement ridicule.

*

Lui qui a organisé sa vie pour écrire n'écrit plus. Une certaine sérénité, une forme de gaieté même sont nécessaires à cette activité. Il a abandonné le roman auquel il travaillait depuis trois ans, l'histoire de *deux bonshommes qui copient*, son encyclopédie de la Bêtise. Ce chien de livre, peut-être au fond n'est-il pas faisable ? C'était pourtant, de toutes les aspirations de sa volonté d'artiste, l'une des plus anciennes et des plus despotiques ; mais il comprend peu à peu, avec amertume, que le plus sage est d'y renoncer.

Il attend des nouvelles qui n'arrivent pas : le mari de sa nièce devra-t-il ou non se déclarer en faillite ? pourra-t-il revendre les forêts qu'il a achetées en Suède ? Untel reprendra-t-il ou non la scierie ? Tel autre, auquel on avait demandé de se porter garant pour un prêt, a-t-il donné suite ?

Il subit, de longs mois durant, le rythme du monde des affaires : rumeurs, approches, hypothèses, consultations d'intermédiaires, manœuvres dilatoires, signatures espérées, promises, différées, rythme qu'il ne comprend pas et dont il n'est pas le maître.

Rien n'est plus emblématique de cette marinade que l'avidité avec laquelle il s'inquiète, durant quelques jours, d'un dénommé Salander qu'il ne connaît pas personnellement et dont on ne sait rien. Salander lui-même ne sut jamais qu'il occupa, pendant une semaine de juillet, les pensées de Flaubert jusqu'au vertige.

Le 10 juillet 1875 : *Salander est-il retourné en Suède ? Pourquoi Winter n'y va-t-il pas ? – Quand donc arrivera la réponse d'où notre sort dépend ?*

Le 12 juillet : *Comment se fait-il qu'on n'ait pas encore répondu au télégramme de vendredi dernier ? Salander doit être maintenant à Stockholm ? et Pinguet ?*

Le 13 juillet : *Dans tout cela je ne sais pas si Salander est encore en France, ni sur quelle conclusion il est parti ?*

Le 14 juillet : *Tu ne me parles pas de Salander ? Mon Dieu, comme tout cela m'embête ! m'embête !*

Le 15 juillet : *enfin, puisque Salander s'en est retourné, espérons qu'à la fin de la semaine prochaine les Suédois se décideront à signer un arrangement !*

Une rafale de questions et d'exclamations, entrecoupée de noms d'intermédiaires et de banquiers : voilà la musique de ses journées. Il ne dort plus. Il pleure sans cesse. Il peut à peine tenir une plume.

Ainsi en va-t-il de ces criminels en cavale dont le cinéma montrera plus tard le fébrile ennui, dans une chambre de motel aux stores baissés.

*

Sa nièce ne fait rien pour l'aider. Notons qu'elle n'a daigné l'éclairer sur Salander qu'après quatre relances pour le moins insistantes. Elle doit considérer que sa vieille nounou a les nerfs trop sensibles. Il faut imaginer Caroline Commanville dans sa villa de Dieppe, levant les yeux au ciel à la lecture de ces lettres où transpire l'affolement.

Elle se flatte d'être d'une autre trempe que cette grosse

fille hystérique qui lui tient lieu d'oncle. « Froide comme du marbre, confiera des années plus tard une de ses connaissances à Guy de Maupassant ; inaccessible à la plupart des souffrances et des passions, intolérante, infaillible, d'une raison suprême. C'est ainsi que devait être absolument Mme de Maintenon. »

Elle exhorte Flaubert au calme et lui débite des leçons de stoïcisme. Dans la vie, lui explique-t-elle, certaines choses ne dépendent pas de nous. C'est le cas des affaires d'argent. Ce qui cause du chagrin n'est pas l'événement, mais l'opinion qu'on s'en fait. Aussi est-il déraisonnable de placer son plaisir dans des biens qui ne dépendent pas de nous : un pavillon à Croisset par exemple, des dragons de porcelaine chinoise, des cigares, des turbots à la crème. Le véritable sage peut se passer de tout cela, ajoute-t-elle ; et, détachant un moment les yeux de la lettre qu'elle est en train d'écrire, elle s'efforce de considérer comme perdus les tapis, les rideaux de mousseline, les fauteuils, les pendules, la psyché, les gravures et les tentures qui décorent sa chambre à coucher, cette pièce où son époux n'a jamais été autorisé à pénétrer, même la nuit. Elle s'y efforce et, chose inquiétante, elle y parvient sans difficulté.

*

Flaubert ne voit pas dans le malheur une occasion d'élever son âme ou d'exercer la fortitude de son esprit. Pour lui, le malheur avilit et c'est tout. Il a peint dans son œuvre la méchanceté qui naît de la souffrance, le ridicule qui en est l'envers ; il a dépouillé la souffrance des oripeaux de la grandeur. Emma Bovary est une incarnation bouleversante du tourment d'exister, le miroir où se reconnaîtront toujours les vies insatisfaites ; elle est aussi l'un des personnages les plus mesquins qui soient. Qu'il n'y ait aucune contradiction entre ces deux énoncés, voilà l'apport de Flaubert à l'archive du malheur.

Lui qu'aucune consolation n'apaise, pas même la perverse consolation d'interpréter ce revers de fortune comme le châtiment d'une faute, se livre à la douleur, de tout son poids, de toute sa force. Il se regarde comme un homme fini.

*

Le voilà nu dans sa chambre à coucher de Croisset. C'est l'été. Le jour se lève. Par la fenêtre ouverte, on entend tomber la pluie.

L'armoire à glace lui présente le reflet de sa nudité. Son œil morne, sa moustache tombante, son teint congestionné et l'affaissement de ses chairs lui donnent l'air tout à la fois *d'un vieux cabotin et d'un vieux boucher*, autrement dit d'un homme usé par un travail répétitif auquel il ne croit guère. Empiler les rôles, abattre les bêtes, enfiler les phrases, c'est tout un ; c'est, sous des masques différents, le même rêve déçu de l'incarnation, du Verbe fait chair, de la chair imprégnée par le Verbe. Au bout du compte, que reste-t-il ? Un tas de viande, un tas de phrases, un cabotin qui ne sait incarner que lui-même. Il est temps que le rideau tombe.

La tête lui tourne : il se rassoit sur le bord du lit. Son sexe est mou comme un navet bouilli.

*

Cette pluie de juillet s'accorde trop à son humeur pour ne pas l'accabler. Il ne sort pas de la maison. Il erre dans les couloirs, ouvre les portes des chambres inoccupées et reste sur le seuil, les mains dans les poches. Les portes grincent sur leurs gonds, lentement.

La pensée qu'il pourrait un jour quitter les lieux les lui rend déjà étrangers. Il a, fugitivement, la sensation de se trouver chez quelqu'un d'autre. Il avait éprouvé la même impression quatre ans plus tôt, quand la maison avait été réquisitionnée pour héberger une dizaine de soldats prussiens. C'est lui qui les avait reçus. Ils avaient brûlé son bois, vidé ses réserves de cidre et dérangé sa bibliothèque. Des casques à pointe traînaient sur son lit.

Renoncer à Croisset ? Il n'y survivrait pas. Autant expulser une huître de sa coquille. C'est le seul foyer qu'il ait jamais connu ; il vit là depuis trente ans. Sa jeunesse, il l'a passée entre les murs d'un hôpital, à l'Hôtel-Dieu, dans le logement de fonction de son père. Il ne repense jamais sans un frisson à cette bâtisse peuplée de miséreux, d'agonisants et de cadavres, dont l'odeur de mort a gâté son enfance.

À Croisset point de cadavres, mais des fantômes. Fantôme de sa mère humant les clématites en fleur dans une robe à damier ; fantôme de Bouilhet, qui venait tous les dimanches avec son cartable sous le bras – Flaubert lui lisait les dernières pages de sa *Bovary*, Bouilhet les vers de son conte romain, et les deux amis devisaient à l'ombre des tilleuls, dans le jardin à présent détrempé par la pluie.

Le front contre la vitre fraîche, l'œil absorbé dans la verdeur du feuillage, Flaubert se laisse visiter par ses fantômes. Leur compagnie lui est douce.

Vendre Croisset, ce serait mettre à mort la part la plus vivante de lui-même que sont ses fantômes. Ce serait le livrer sans recours à l'amertume de sa conscience et à la tristesse de son cœur, à l'hôpital glacé des terreurs enfantines.

Un jappement se fait entendre à l'étage inférieur. Flaubert reprend sa déambulation, passe devant son cabinet de travail où l'attendent deux autres fantômes qu'il repousse en soupirant. Ce n'est pas aujourd'hui qu'il pourra reprendre l'histoire de ses deux bonshommes ; il faudrait d'abord avoir des nouvelles de Salander, et puis… il faudrait croire à son art. Une nouvelle idée de livre, une idée magnifique *qui lui ferait oublier la vie*, voilà qui pourrait le sortir de son marasme ; mais c'est demander l'impossible et il le sait.

À défaut, il aimerait bien voir la mer.

Dans le motel où s'enlise leur cavale, les criminels aussi rêvent de plages chaudes.

3

Oui, songe-t-il en caressant son lévrier, il a besoin de voir la mer. Faute de pouvoir atteindre le calme en lui-même, c'est à la mer qu'il le demandera. Même agitée, la mer accorde toujours le repos à celui qui la regarde. Sa pulsation obstinée inspire à l'homme égaré dans son labyrinthe intérieur le sentiment des choses simples ; et à celui qui doute de la vie, le sentiment de la nécessité. Simple et nécessaire, la mer accueille toutes les douleurs. Elle n'offense pas les âmes fatiguées.

Un an plus tôt, des médecins ont envoyé Flaubert passer une quinzaine de jours dans les Alpes suisses. Les glaciers et les cimes n'ont pas su l'apaiser, bien au contraire. Une sourde irritation perce dans les lettres qu'il écrivit alors ; il s'agace des crétins qui, sur la terrasse de l'hôtel où il réside, se collent à la longue-vue, *tendant le cul et poussant des exclamations.* Tant de vitalité l'exaspère et l'humilie à la fois.

Il n'y a que la mer pour rendre la vie tolérable, n'est-ce pas Julio ? Le lévrier lève la tête vers son maître ; et dans les yeux bruns et chauds de l'animal, ces yeux qui n'ont jamais vu la mer, Flaubert croit lire une approbation sans réserve.

*

Les destinations ne manquent pas : Arcachon où le convie son frère, Dieppe où l'attend sa nièce. Mais il décline ces invitations : c'est à Concarneau qu'il ira; Concarneau sera le théâtre de sa résurrection ou de son anéantissement.

Deux fois plus jeune et déjà convalescent de l'existence, il y avait passé une nuit en compagnie de Du Camp. Ses notes, prises sur le vif, ne sont pas très engageantes : *Pluie, pluie.* Quitte à retourner en Bretagne, puisque tel est son désir, il pourrait au moins porter son choix sur Roscoff : *Légumes, légumes.*

Pourquoi Concarneau? C'est la question que lui pose sa nièce, un jour qu'elle est de passage à Croisset. Plus exactement, Caroline Commanville s'est contentée de répéter le nom de la destination élue par son oncle : « Concarneau », a-t-elle prononcé, en abaissant par degrés la voix jusqu'à laisser couler, songeusement, la dernière syllabe, ainsi que ces escaliers de pierre dont les marches, à marée haute, s'enfoncent dans la mer.

Flaubert dit que c'est joli là-bas, que le climat, plus doux qu'à Dieppe, moins sec qu'à Arcachon, lui calmera les nerfs. Et puis, ajoute-t-il, il y aura le fils Pouchet; je le regarderai disséquer des poissons, ce sera drôle.

*

Une dizaine d'années plus tôt, au retour d'une visite chez Flaubert, les frères Goncourt notaient dans leur journal :

« Il y a aujourd'hui chez lui un jeune étudiant en médecine (Pouchet) s'occupant de tatouage, et qui nous signale de singuliers tatouages, relevés par lui : la devise : *Liberté, Égalité, Fraternité*, sur le ventre d'une prostituée, et sur le front d'un forçat, la légende pessimiste : *Pas de chance.* » L'anecdote permet d'identifier en Georges Pouchet le type du médecin-qui-fréquente-les-écrivains.

Car il ne suffit pas de soigner les écrivains pour en être estimé ; bien au contraire, ceux-ci ont tendance à voir en tout médecin un charlatan doublé d'un philistin, dont ils accueilleront les décrets avec un sourire moliéresque.

Le médecin-qui-fréquente-les-écrivains doit :

— Se rendre disponible, car eux, du fait de leur état, le sont presque toujours.

— Avoir compris que ces individus sont enclins à se croire substantiellement malades : aussi s'abstiendra-t-il de démentir cette conviction essentielle à leur bien-être.

— Leur faire sentir qu'il a lu leurs œuvres, sans avoir pour autant l'outrecuidance de les commenter. Le jeune Pouchet se fera violemment tancer par Flaubert, lors d'un dîner mondain, pour avoir osé *étendre l'empire des idées reçues jusqu'aux choses où la Fantaisie doit régner*, autrement dit pour avoir donné son opinion sur un livre : il ne recommencera plus.

— Fournir, toutes affaires cessantes, des renseignements fort précis (lettre de Gustave Flaubert à Georges Pouchet : « Mon cher ami, pourriez-vous m'indiquer et me procurer un livre de physiologie *bête*. Il n'en manque pas j'en suis sûr. Mais j'en voudrais un datant d'une quarantaine d'années »).

— Ne pas hésiter à divulguer et si possible avoir le talent

de bien raconter les histoires amusantes, atroces, ou atrocement amusantes dont il a été le témoin, comme ici les tatouages du forçat et de la prostituée.

Seul un praticien satisfaisant à ces conditions pourra s'honorer de fréquenter des esprits supérieurs. C'est le cas de Georges Pouchet.

*

La présence de ce carabin dans le salon de Flaubert s'explique aussi par d'autres raisons. Son père, Félix-Archimède Pouchet, qui s'était fait connaître en démontrant l'ovulation spontanée chez les mammifères, puis en défendant sans succès contre Pasteur la thèse des générations spontanées, avait été le professeur de sciences naturelles de Flaubert au Collège royal de Rouen ; et ce Félix-Archimède, que son prénom disposait aux découvertes heureuses, avait été jadis l'élève d'Achille-Cléophas Flaubert à l'école de médecine de Rouen.

Achille-Cléophas, Félix-Archimède, Gustave, Georges : la succession des prénoms n'illustre pas seulement la chute des rêveries antiquisantes du dix-huitième siècle dans la sobriété bourgeoise du siècle suivant ; elle laisse aussi entrevoir, entre ces deux familles rouennaises, une trame d'offices mutuels, de protections, d'attentions réciproques. En ouvrant son salon parisien au fils Pouchet, l'auteur acclamé de *Salammbô* offrait à l'étudiant venu de Rouen l'occasion de faire son chemin dans le monde.

Ce chemin fut brillant : ayant orienté ses recherches vers les sciences naturelles, membre de l'influente Société de biologie, Pouchet est devenu maître de conférences au

Muséum national d'histoire naturelle ; il en dirige depuis 1873 l'antenne concarnoise, le vivier-laboratoire, sorte de mer en miniature où il étudie les tissus nerveux des poissons.

Sa thèse de zoologie portait sur l'encéphale des édentés.

*

À en juger par le seul portrait photographique qui nous soit parvenu, Georges Pouchet ne ressemblait pas, comme Flaubert, à un vieux cabotin ou à un vieux boucher, mais plutôt à un explorateur britannique. Il en a la raideur élégante et célibataire, le front haut, la fine chevelure blonde, la moustache disciplinée ; à l'angle externe de son œil, les sillons d'une patte-d'oie suggèrent, en même temps qu'une disposition contenue à l'ironie, l'exercice inlassable du regard.

Britannique, du reste, il l'était par sa mère, belle Anglaise morte trop jeune ; explorateur, il le fut un peu, commençant sa carrière scientifique en Égypte à la recherche des sources du Nil, et l'achevant un an avant sa mort par une expédition dans les mers arctiques, où, attentif aux curiosités que recèle l'eau glacée, il collectera le plancton des profondeurs.

Avec cela, républicain convaincu ; chroniqueur scientifique pour de respectables revues ; auteur d'études sur des sujets aussi divers que les changements du coloris dans le règne animal, les fonctions du système nerveux, le sang des crustacés, la biologie aristotélicienne, les sciences pendant la Terreur ; et persuadé, comme beaucoup d'autres en son temps, de la diversité des races humaines, parce que cette hypothèse réfute le mythe du vieil Adam et qu'un républicain rationaliste ne peut se refuser le plaisir de ferrailler contre l'Église.

Sa nécrologie, dans le journal *Le Matin*, aura pour titre « Le dernier représentant de la science aimable ». On y lit que son enjouement et son ingéniosité le faisaient surnommer par ses confrères allemands *der lustige Gelehrte*, le gai savant.

*

Dans le tréfonds de sa détresse, Flaubert a jugé que la compagnie de cet homme lui serait profitable.

Il cherche le calme, et rien n'égale à ses yeux le calme des travaux scientifiques. Ne souhaitant rien prouver, observant d'un regard impassible les formes du vivant, astreint à des protocoles rigoureux, le savant naturaliste est une version réussie de l'écrivain, toujours menacé quant à lui de sombrer dans la bêtise, de pactiser avec la morale ou de trahir le style.

Il aspire à sortir de lui-même : avec un ami cher ou un membre de sa famille, il serait tenté de se livrer, d'ouvrir les bondes de son chagrin ; en présence d'un importun, il se refermerait comme une huître et s'enfoncerait dans sa morosité. Pouchet se situe à la distance idéale : c'est un bon compagnon, pas un intime que l'on tutoie. Flaubert sait qu'il aura plaisir à le fréquenter, mais qu'en sa présence il sera contraint de se tenir, et c'est ce dont il a besoin, non de la proverbiale « épaule pour pleurer ».

Étrange loi, qui veut que les êtres les plus à même de nous consoler soient rarement les plus proches de notre cœur.

*

Caroline Commanville s'abstient de lui faire remarquer qu'il devra, dans la bizarre destination qu'a choisie sa fantaisie, payer le gîte et le couvert, alors qu'un séjour en famille à Dieppe ou Arcachon le dispenserait de ces frais. C'est pourtant une chose à laquelle, compte tenu des circonstances, son oncle pourrait songer.

Le voilà qui aborde de lui-même la question. Il mentionne une petite pension de famille recommandée par Pouchet, dont les chambres donnent sur le port de Concarneau et où l'on dîne, paraît-il, fort bien ; le tout pour une bouchée de pain. Il a l'intention d'y passer l'automne, une fois qu'il aura vendu la ferme de Deauville. Il n'emportera ni plumes ni papier : il ne fera rien d'autre que dormir et regarder Pouchet disséquer des poissons. Son gros œil bleu brille d'un si naïf espoir que Caroline Commanville n'ose émettre aucune objection.

Il n'a qu'un service à lui demander : son mari pourrait-il s'occuper d'établir l'itinéraire le plus court entre Deauville et Concarneau ? Car un voyage doit être fait rapidement, ajoute-t-il sur un ton sentencieux, l'index pointé vers le ciel des idées reçues.

4

Au creux de l'après-midi, le port de Concarneau est désert. Trois enfants jouent aux billes à l'ombre d'un mur de pierre. Un chien passe en trottinant sur le quai. Arrive la voiture de Rosporden, aux roues blanchies par la poussière du chemin. Le garçon d'auberge de la maison Sergent voit descendre un gros homme en cravate rouge qui cligne des yeux dans la lumière du soleil.

Le garçon court à sa rencontre, s'assure qu'il s'agit bien de monsieur Faubert, et s'enquiert de ses bagages : *Flau*, corrige l'homme, *Flau*bert, avant de lui indiquer une grosse malle en cuir.

Ils traversent tous deux la place ; les petits joueurs de billes, interrompant leur partie, les regardent passer ; le voyageur s'arrête à deux reprises pour s'éponger le front.

Ils entrent dans l'auberge – une maison à deux étages, aux volets délavés par les pluies, sans autre embellissement qu'un parement de pierre sur la façade.

Madame Sergent accueille le nouveau venu et propose de lui préparer une omelette, qu'il accepte bien volontiers. Elle aussi a écorché son nom ; et, comme il la reprend, elle lui dit, pour expliquer sa méprise, qu'il y a des Faubert à Concarneau.

Pendant que madame Sergent s'affaire en cuisine, le garçon d'auberge conduit monsieur Flaubert à l'étage, dans sa chambre, puis redescend chercher sa malle. À son retour, monsieur Flaubert, qui a ouvert la fenêtre, lui demande d'où provient l'odeur qu'il sent dans l'air depuis son arrivée.

« Ah ! répond le jeune homme, ce sont les sardineries. »

Les narines du voyageur palpitent, ostensiblement.

*

Après avoir dévoré son omelette, Flaubert se sent mieux. Il demande que l'on prévienne Pouchet, à l'Aquarium, de son arrivée, puis dicte à son hôtesse un télégramme à l'intention de sa nièce et s'informe des horaires de la poste. Il note sur un papier : départ 8h du matin, arrivée 3h 1/2. Sa main tremble en traçant ces quelques mots : la fatigue du voyage, se dit-il.

Il regagne sa chambre et s'étend sur le lit. Il a laissé la fenêtre ouverte ; le cri des mouettes se mêle à l'odeur de sardine. Il ferme les yeux. La sensation de perdre pied le fait tressaillir. Il revient à lui, s'avise qu'il s'endormait. Entre deux battements de paupières, une image se présente à ses yeux : une femme pâle, au regard rêveur ; sur ses boucles noires repose un diadème incrusté de perles et de turquoises ; elle a les lèvres entrouvertes, et ses épaules se fondent dans une robe de soie blanche.

Les prunelles écarquillées, Flaubert cède à l'appel de

l'image, à l'invitation du souvenir. Peu à peu, la réalité de la chambre où il repose s'abolit tandis qu'une autre la remplace. Un cadre ovale enferme le visage pâle de la princesse ; le portrait est accroché au-dessus d'une cheminée où rougeoient des braises. Les murs de la pièce sont tendus de papier bleu ; devant la fenêtre, sur une table en acajou, une carafe de chablis voisine avec une grappe de muscat, d'un bleu sombre et pruiné.

Flaubert voit aussi, dans la précision suraiguë de sa mémoire, les deux fauteuils de soie rose, le tissu froissé d'une robe défaite, les bottines dénouées sur le plancher ; il entend le roulement d'une voiture sous la porte cochère et, dans le cabinet de toilette attenant, la caresse répétée d'un peigne à démêler.

Il a vingt-quatre ans et il est couché dans une chambre de l'hôtel du Grand-Cerf, à Mantes ; en attendant que Louise Colet revienne à leur nuit d'amour, il suit la pente de sa rêverie et cette pente irrésistiblement le pousse vers la femme du portrait, Caroline Murat, sœur de Napoléon, reine de Naples, qu'il se voit foutre parmi les marbres, dans quelque alcôve du Palazzo Reale, sous le regard de pierre d'une Gorgone pompéienne.

Le tremblement dans sa main droite a reparu. Il fait un effort pour chasser de sa vue la chambre du Grand-Cerf, mais l'image s'impose avec trop de force. Il serre le poing, sa respiration s'accélère, jusqu'à ce qu'en un battement d'ailes le rideau se déchire et qu'il n'ait plus devant les yeux que le profil d'un goéland posé sur le rebord de la fenêtre. L'oiseau, brusquement, tourne la tête vers lui ; sa corpulence, son jabot, son bec fort et crochu lui donnent l'allure d'un grand seigneur offensé. Flaubert se redresse, le goéland s'envole, et son cri retentit dans les airs, pareil au rire d'un moribond.

On frappe à la porte : « Monsieur Pouchet vous attend en bas », dit une voix féminine qui n'est pas celle de madame Sergent – plus claire et plus craintive, on y entend vibrer une note qui, au-delà d'un certain âge, s'efface des voix humaines.

Il répond qu'il descend dans un instant.

*

Sur le quai du port, devant l'hôtel Sergent, Georges Pouchet n'est pas seul. Un confrère et ancien camarade d'internat l'accompagne, un autre Georges : Pennetier, le directeur du muséum d'histoire naturelle de Rouen.

Il se trouve que cet homme vécut longtemps, assez longtemps pour qu'un demi-siècle plus tard, en une époque où Flaubert était devenu un mythe littéraire, un animal sacré dont une foule de chasseurs traquait les abattures et les fumées, l'un de ces chasseurs, nommé Chassé, vînt débusquer Pennetier au soir de sa vie et l'interrogeât sur ces quelques jours passés en compagnie de l'écrivain. À quoi Pennetier répondit : « À Concarneau on riait plutôt qu'on y philosophait... Flaubert ne parlait pas de ses œuvres pendant cette courte vacance. Il parlait de tout en général et prenait des bains. »

Hilare, Flaubert? Lui qui, à longueur de lettres, se dit *démoli, fini, fêlé, triste comme un cercueil*?

Il se peut que Pennetier, se retournant sur son passé

cinquante ans plus tard, y ait projeté la gaieté de sa propre jeunesse envolée. Il se pourrait aussi que, fermant les yeux sur l'évidence du malheur, il n'ait pas perçu la détresse de l'écrivain. Il n'est pas impossible cependant que ce souvenir soit exact tout en étant faux, et que quelque chose ait en quelque façon allégé l'humeur de Flaubert dès son arrivée à Concarneau. – Mais quoi ? La réponse est là, sous nos yeux, dans les réminiscences du vieillard : Flaubert *prenait des bains.*

*

Sitôt qu'il est sorti de l'hôtel, les deux Georges l'ont emmené sur la plage des Dames. Des cabines en bois permettent de s'y changer. Pouchet tend à Flaubert une tenue « conforme aux bonnes mœurs », comme l'exige le règlement, ce qui fait passer un sourire sur les traits fatigués de l'ancien justiciable.

Le plancher de la cabine est pailleté de grains de sable qui picotent ses orteils à présent dénudés. Tandis qu'il enfile sa tenue de bain, il voit filer entre deux lattes disjointes un insecte à longues pattes, gris.

Il entend au-dehors la rumeur de la mer, l'appel des goélands, une toile claquant au vent et, pareil à l'écho d'une fête lointaine, le murmure des voix humaines. Il reconnaît la musique des bords de mer, étrange et familière comme un rêve qui revient ; à mesure qu'il s'en pénètre dans le demi-jour de la cabine fermée, il éprouve le besoin de respirer, de s'accorder au rythme de la mer et du vent, de rompre les digues du chagrin.

Il ouvre la bouche, la referme, l'ouvre de nouveau. Le parfum sec du bois chauffé au soleil se mêle à la puanteur de ses pieds confits par douze heures de voyage. Des points d'or dérivent lentement devant ses yeux. Ses doigts s'agrippent à la porte.

Il déboule hors de la cabine et s'effondre dans les bras de Pouchet et Pennetier, qui le retiennent de tomber; « ce n'est rien, souffle-t-il, juste un étourdissement », avant que les trois hommes ne se dirigent vers la mer, les deux plus fins de part et d'autre du plus gros, dont les hanches, à chaque enjambée, tressautent sous sa tenue conforme aux bonnes mœurs.

Çà et là, assises sur des granits aux formes arrondies, quelques femmes vêtues de cotonnades ont la tête tournée vers le large. Sous leur ombrelle élégamment inclinée, Flaubert en sourit par-devers lui, elles doivent rêver à des passions inassouvies en se récitant du Lamartine,

Du flot qui tour à tour s'avance et se retire
L'œil aime à suivre au loin le flexible contour :
On dirait un amant qui presse en son délire
La vierge qui résiste, et cède tour à tour!

Le bras tendu, Pouchet montre à ses compagnons, de l'autre côté de la baie, à l'extrémité de la pointe de Beg-Meil, le mât du sémaphore. Il est cinq heures, le soleil de septembre est déjà bas : la main en visière, Flaubert scrute, opine et ne dit rien. Sous leurs pieds, le sable est humide et frais. Les trois hommes s'élancent dans la mer.

Pennetier s'exclame qu'elle est d'un bleu superbe; Pouchet

précise qu'il ne faut pas, comme on l'a longtemps cru, confondre la couleur de l'eau avec les variations que produit à sa surface le reflet du ciel – il y a, explique-t-il, des eaux vertes et des eaux bleues, comme il existe du vin rouge et du vin blanc, car ces colorations résultent de la présence ou non de certains végétaux microscopiques ; ainsi, dans les fjords de Norvège…

Flaubert n'entend pas la suite : la tête sous l'eau, les yeux clos, le souffle coupé, il adresse un vœu confus aux puissances des profondeurs. Dans son existence antérieure d'histrion du Haut-Empire, il invoquait la déesse qui naquit de l'écume et du flot, celle dont la vue fait bondir les dauphins d'allégresse, la reine des mers et de la volupté, *Venus marina*, *Venus pontia*, *Venus pelagia*, à la chevelure ondoyante comme les vagues, à la peau de nacre, aux lèvres de corail, aux yeux d'aigue-marine ; mais aujourd'hui, l'enfant qu'il est d'un monde sans dieux s'en remet aux courants, aux ondulations, aux tourbillons, aux forces incessantes qu'il sent autour de lui, aux mains puissantes et multiformes de la mer qui lui caressent les cheveux, lui pétrissent les muscles et roulent son corps dans un oubli bienheureux. Sa prière, si c'en est une, ne se dépose dans aucun langage, c'est un désir inaccessible aux mots, antérieur à toute conscience : que le bleu de la mer qui le baigne, pareil au liquide dont se nourrissent les fœtus dans les grottes utérines, pénètre son âme, sa chair et son sang.

Quand il ressort la tête de l'eau, il lui semble que ses poumons sont sur le point d'éclater. Cela fait des mois, des années même, qu'il n'a pas respiré avec autant d'avidité. Tout en reprenant son souffle, il cherche du regard les deux Georges. Vingt brasses le séparent de ses compagnons.

Ses premiers efforts sont désordonnés, si bien que ce qu'il gagne sur le courant, le courant aussitôt le lui reprend ; puis, peu à peu, ses mouvements se coordonnent, se précisent, et son corps tout entier, de la tête aux orteils, se soumet au rythme qu'il invente.

Pennetier le voit approcher, la moustache tombante, les cheveux collés au front, soufflant comme un phoque. Il ne peut s'empêcher de rire, Pouchet se retourne et se met aussi à rire, et le gros phoque, sans interrompre son effort, émet un long gloussement, tant son corps jouit de l'élan qu'il se donne.

Et voilà pourquoi, cinquante ans plus tard, Pennetier se souviendra qu'on s'amusait bien, avec Flaubert, à Concarneau.

*

En revenant vers le port, ils croisent des hommes qui vont par groupes et parlent fort. Par la fenêtre ouverte d'un cabaret leur parviennent des rires et des chants. De place en place, assise sur un pas de porte, une femme raccommode un filet bleu. On entend au loin un roulement de voitures. Des carrioles vont, chargées de paniers en osier ; à travers les interstices de la vannerie, on devine des formes scintillantes.

C'est le retour de la pêche, explique Pouchet : la saison de la sardine bat son plein. Et il vante les bienfaits de l'industrie sardinière qui, vivifiée par le développement récent des conserveries, met les populations locales à l'abri de la misère et du clergé – car même le dimanche, on prend la mer, si bien que la pêche a, pour ainsi dire, chassé le péché ! Flaubert honore la plaisanterie d'un sourire complaisant. À une légère crispation qu'il ressent dans la joue, il s'aperçoit que sourire le fatigue, comme si les muscles de son visage en avaient perdu l'habitude.

Cela fait longtemps, il est vrai, qu'il ne s'est pas trouvé dans la compagnie d'hommes gais. Leur entrain, leur vivacité, leur vigueur de jeunes quadragénaires l'amusent. La confiance envers le monde n'a pas complètement disparu de leur regard ; cela aussi lui est agréable. Et puis, ne se piquant ni l'un ni l'autre de littérature, ils ne lui témoignent ni la déférence encombrante des auteurs qui le tiennent pour un maître, ni l'admiration teintée de jalousie décelable chez d'autres. Leurs rapports avec lui prennent d'emblée une forme simple et aisée : sa position sera celle, à peu près, d'un oncle qu'on traite avec une familiarité cordiale, une pointe d'espièglerie, et auquel on ne fait jamais sentir ses quinze ans de plus.

Jamais non plus ne font-ils allusion à ses déboires, quoique Pouchet en soit informé ; et la conversation, ce soir-là, roule aimablement entre les trois hommes, agrémentée des rapprochements, des déviations et des surprises que permettent le savoir scientifique, la connaissance historique et la culture livresque. Elle n'en tombe pas moins, pour finir, sur le chapitre inévitable des femmes. Pennetier, sur ce sujet, se montre d'une réjouissante franchise. Pouchet, plus évasif, ne se confie qu'à mots couverts ; on devine en lui le solitaire.

Flaubert déclare qu'il a, pour sa part, passé l'âge de ces plaisirs-là : les seules joies de monsieur Gustave sont gustatives, conclut-il en portant à sa bouche un morceau de pied de porc.

Ce mets leur est servi après un plateau de salicoques et de palourdes, une soupe de merlan, des artichauts à la crème, un homard grillé au beurre et une estouffade de rognons à l'échalote. Il sera suivi d'un gâteau que Flaubert ne touchera pas : épuisé par la longueur du voyage, la fatigue de la nage et la lourdeur du repas, il monte se coucher. Il trouve à peine la force de retirer ses bottes et s'affale sur le lit.

*

Il marche dans le jardin de Croisset, le tulipier frémit au vent, les primevères sont en fleur ; une barque, au loin, glisse sur la Seine. Une phrase lui vient, ample et rythmée, à la Bossuet, comme il les aime ; il retourne vers la maison pour la noter avant qu'elle ne lui échappe. Mais la porte ne s'ouvre pas. Il toque à la vitre ; personne ne vient. La vieille Julie, la domestique, ne l'aura pas entendu : elle est sourde comme un pot. Ce n'est pas grave, il rentrera par la cuisine. Il fait le tour de la maison, tout en se répétant la phrase qu'il veut noter.

La porte de la cuisine est elle aussi fermée. Il s'impatiente : c'est agaçant, à la fin, toutes ces portes barrées. Il tire le carillon : « Ohé, crie-t-il, c'est moi ! » Il s'approche de la fenêtre, y colle le front : personne à l'intérieur. Éprouvant soudain la sensation d'une présence derrière lui, il se retourne. Un gros chien jaune est là, qui le regarde en grondant. Il tend le bras vers le chien, cherche à se remémorer son nom, et peu à peu, tandis que le molosse aux babines retroussées s'avance vers lui, il découvre avec épouvante qu'il ne l'a jamais su. Il tire le carillon de toutes ses forces, tambourine contre la porte à s'en meurtrir les poings, supplie qu'on lui ouvre.

Alors il comprend. Si personne ne lui ouvre, s'il ne connaît pas le nom du chien, c'est qu'il n'est tout simplement pas chez lui. La honte l'accable : comment a-t-il pu croire le contraire ? Et pourquoi l'a-t-on laissé se promener dans le jardin, comme si de rien n'était ?

Il a tout juste le temps de tourner la tête pour voir le chien lui bondir dessus ; ses crocs sont d'une blancheur aveuglante.

*

Il se dresse en sursaut dans cette chambre inconnue, la bouche sèche et le cœur palpitant. Avec la vivacité de mouvement qui, durant quelques instants, accompagne les rescapés du cauchemar, il se lève, traverse la chambre, et se heurte l'orteil contre le pied d'un meuble. Les mâchoires écartées par la douleur, il clopine vers la fenêtre que, contrairement à ses habitudes, il a laissée fermée avant de se coucher. Dans l'ombre, d'une main impatiente, il fait jouer la crémone jusqu'à ce qu'elle cède, repousse les volets, et, s'accoudant sur l'appui de la fenêtre, il présente son visage à la fraîcheur de la nuit. Les eaux du port clapotent doucement ; l'air charrie une odeur de poisson, d'algues et d'huile.

Son œil distingue dans l'obscurité la masse fortifiée de la Ville-Close, et, sur la droite, les chaloupes de pêche pressées les unes contre les autres. Leurs mâts enchevêtrés qui se balancent dans l'ombre forment au pied des remparts un fourré mouvant. Flaubert songe à Macbeth voyant la forêt marcher vers la forteresse de Dunsinane, Macbeth le régicide regardant sa mort venir,

Je commence à être las du soleil, et je voudrais que l'empire du monde fût anéanti en ce moment,

et songeant à Macbeth c'est son propre sort qu'il contemple au miroir des images de Shakespeare. Quel crime a-t-il commis, de quelles sorcières a-t-il croisé le chemin pour éprouver si vivement, lui aussi, le dégoût du monde et l'appel du néant ?

Les yeux ouverts sur la nuit concarnoise, il se roule dans le passé ; il cherche une origine à son malheur, au pressentiment qu'il en a toujours eu, car toute sa vie durant, il s'en rend compte à présent, il a su que déchoir était son destin.

Une pendule sonne, quelque part, dans une maison endormie.

Flaubert s'efforce de voir en lui-même ; mais ses yeux ont perdu la faculté de se tourner en dedans. Sur sa rétine ne s'impriment que les formes sombres de la citadelle.

Dans le ciel nocturne, à l'aplomb de la Grande Ourse, l'éclat de l'étoile polaire attire le regard. Flaubert pense aux marins perdus qui la cherchèrent des yeux par une nuit de détresse ; aux Phéniciens sur leurs trirèmes, à l'Amiral de la mer Océane cinglant vers l'inconnu, aux Terre-Neuvas de Saint-Malo, à tous ceux dont cet astre guida les errances, et son tourment se dissipe dans l'élargissement de sa rêverie.

5

Dès le lendemain de son arrivée, il s'enfonce dans *une petite vie abrutissante.* Puisque penser l'afflige, il s'efforcera de ne penser à rien. Ce remède ne lui est pas tant dicté par sa volonté que suggéré par cet inconnu familier qu'il porte en lui, son corps.

Il dort beaucoup, presque douze heures par nuit. À son réveil, vers neuf heures, les chaloupes de pêche ont depuis longtemps quitté le bassin et le port est désert, à l'exception de quelques enfants qui jouent et d'un mendiant qui passe la journée assis sous un auvent.

Tous les matins, la femme de chambre lui apporte, sur un plateau aux rebords en laiton, une tasse de lait, deux tranches de pain et un pot de beurre. C'est elle dont il a entendu la voix claire et craintive, le jour de son arrivée, derrière la porte. Elle a seize ou dix-sept ans, un œil louche et se prénomme Charlotte ; dans un élan de niaiserie qui l'a surpris lui-même, Flaubert pour lui demander plus de lait l'a appelée *mon petit ange* ; l'habitude s'est installée, il ne lui parle plus autrement. Mon petit ange, quel temps fait-il aujourd'hui ? Mon petit ange, le pot de chambre est ébréché, il faudrait le remplacer. Mon petit ange, n'y a-t-il pas pour moi un télégramme ?

À cette dernière question, mademoiselle Charlotte répond chaque fois par la négative. Flaubert pousse un soupir : il attend des nouvelles du mari de sa nièce. Commanville avait promis de lui télégraphier sitôt actée la liquidation de sa société : il se peut qu'il ait oublié ; il se peut aussi qu'on ne soit pas parvenu à un compromis et que la faillite menace encore.

Pour en avoir le cœur net, il décide d'écrire à sa nièce ; mais à peine a-t-il tracé quelques mots sur le papier que sa main droite est saisie de tremblements. Il aurait aimé dépeindre la chambre d'angle où il se trouve, l'étoffe et la couleur des rideaux, la jolie vue sur les murs crénelés de la Ville-Close et le bassin de mouillage : impossible. Il froisse la feuille et la jette dans la corbeille. Sitôt qu'il a cessé de griffonner, le tremblement disparaît de sa main.

Ce qu'il lui faut, c'est de l'air, de la lumière et du mouvement. Chemise de flanelle rouge, pantalon bleu, chapeau de paille, Flaubert s'habille en hâte et descend l'escalier.

*

Le long du quai ensoleillé, ses pas le conduisent jusqu'à la pointe du port, au vivier-laboratoire où Pouchet travaille depuis les premières heures du jour. La grande bâtisse lui fait l'impression d'un monastère battu par les flots ; derrière ces murs de granit, dans la solitude du laboratoire, des hommes étudient le mystère de la vie ; sitôt qu'il en franchit la porte, une sensation de calme et de recueillement descend sur sa personne.

On lui indique que monsieur Pouchet se trouve à l'aquarium ; c'est là, dans la pénombre, que Flaubert le rejoint, au cœur d'un dédale de bacs où flottent des formes inconnues de son œil.

« Approchez, dit Pouchet ; ce petit homard est en train de muer. »

Couché sur le flanc, tapi dans un recoin de l'aquarium, l'animal agite les pattes, comme saisi d'un tremblement. Par à-coups, son corps entier tressaille, ainsi qu'il arrive aux bêtes qui vont mettre bas : mais c'est lui-même que le homard enfante ; lui qui, peu à peu, au prix d'un effort immense, s'extirpe de sa propre forme. La tête, d'abord, se retire de sa gangue rigide, puis les pattes antérieures ; toujours couché sur le flanc, à demi dégagé de la carapace qui lui enserre encore l'abdomen, l'animal, à force d'ondulations vigoureuses, finit par s'en libérer tout à fait. Soudainement affranchi de cette pesanteur familière, il se meut avec difficulté, sautille, retombe, titube, roule sur lui-même, dans un grouillement affolé de pattes et d'antennes ; on dirait qu'il évolue dans un milieu qui n'est pas fait pour lui. Enfin, d'un battement d'abdomen, il renoue avec l'intelligence de l'eau, rétablit son équilibre et va s'abriter sous un rocher, démuni, épuisé, laissant gésir sur le sable, vestige de lui-même, sa carapace disloquée.

« En attendant qu'une autre cuirasse de calcaire ne se constitue, commente Pouchet, le homard va se gonfler d'eau, de manière à grossir ; pendant toute cette période, il sera mou, défaillant, vulnérable. Mais une fois la mue achevée, il sera plus gros, plus fort et mieux armé pour la vie. »

Flaubert croise le regard du savant ; il a cru saisir dans ces paroles une intention bienveillante, une allusion délicate à sa situation, un encouragement discret. Il se pourrait qu'il n'ait entendu que l'écho de ses propres besoins, mais peu importe : l'élan de gratitude qu'il éprouve à cet instant envers Pouchet réveille un sentiment très ancien, à demi oublié ; c'est la reconnaissance qu'un jeune enfant ressent pour son père à l'âge où tout ce qui émane de celui-ci, le moindre geste, le moindre mot, paraît nimbé d'une bonté omnipotente et infinie.

*

Les deux hommes montent l'escalier qui conduit aux laboratoires particuliers. C'est là que Pennetier, penché sur des phénomènes dont seul le microscope atteste l'existence, cherche à surprendre l'origine de la vie.

Comme Pouchet père dont il défend la mémoire avec l'acharnement d'un disciple zélé, Pennetier est convaincu que la matière organisée, autrement dit la vie, peut naître de la matière organique amorphe, par l'opération de ce que ses adversaires nomment avec dédain « génération spontanée ».

Sans relâche, indifférent aux sarcasmes de ses détracteurs qui vont clamant qu'*on est toujours l'enfant de quelqu'un*, réfutant pas à pas toutes leurs objections, variant perpétuellement les conditions de l'expérimentation, il fait infuser des matières végétales, à l'abri des germes que peut renfermer l'atmosphère ; isolant la pellicule granuleuse qui, en quelques heures, apparaît à la surface de ces macérations, il examine les protozoaires issus de la putréfaction des bactéries, analyse leur évolution et détaille les étapes de leur courte vie – embryogénie, reproduction, dépérissement – dans l'espoir que l'un de ces animalcules livrera, dans les replis de son anatomie, la clef des formes du vivant, la figure primordiale, l'ébauche de toute matière organisée.

S'il se trouve à Concarneau ces jours-ci, c'est pour faire infuser dans un bocal d'eau de mer quelques algues rares draguées au fond de la baie, et voir quelles créatures engendrera la matière en décomposition. Les océans, il en est convaincu, lui livreront ce qu'il cherche ; leurs eaux, qui ont la viscosité du mucus, ne semblent-elles pas receler la substance même de la vie ?

Invité à regarder dans le microscope, Flaubert voit une fleur en forme de cloche, que prolonge à sa base une tige. Puis il s'aperçoit que d'innombrables cils s'agitent le long de ses bords, et qu'à intervalles réguliers la tige s'enroule en spirale, comme un ressort qui se tend. Ce n'est pas une tige, mais une queue ; ce n'est pas une fleur, c'est un animal.

Pennetier déclare qu'il s'agit d'un infusoire, d'un genre de vorticelle ; mais sa voix flûtée lui semble lointaine et pour ainsi dire étrangère, bien plus éloignée de lui que cette vie enclose entre les plaques de verre du microscope, vie primitive, indéterminée, comme suspendue entre deux règnes, dont il examine, l'œil collé à l'oculaire, la giration infime et obstinée.

« L'organisation interne de ces bestioles, reprend Pennetier, est plus complexe qu'on ne l'imagine. » Après quelques instants, un nouveau spectacle apparaît dans l'objectif du microscope : à l'intérieur du corps de la vorticelle s'étalent des flaques cramoisies.

Pennetier explique qu'il vient d'injecter de l'extrait de carmin dans la solution où prolifèrent les infusoires avant de placer côte à côte, sur une plaque de verre, une goutte de ce liquide coloré et une goutte d'eau pure. Les protozoaires qu'il a fait pénétrer au moyen d'une aiguille dans l'eau pure ont les organes digestifs imprégnés du carmin qu'ils ont absorbé ; c'est pourquoi, à travers la membrane translucide qui les enveloppe, ces organes rutilent dans le liquide incolore.

Et tandis que Pennetier détaille l'anatomie, ainsi dévoilée, du canal digestif des vorticelles, l'œil de Flaubert se pénètre de rouge. Comme un paysage vu à travers un verre coloré, le monde visible bascule dans le songe – et ce songe a la couleur du sang. Confusément, ses sens lui communiquent l'impression que le secret de la vie s'exprime dans ce rougeoiement, dans cette palpitation cramoisie dont la vue fait surgir en son esprit des images indistinctes.

« Vous remarquerez également, poursuit Pennetier, les organes de la respiration, reconnaissables à leur symétrie de part et d'autre du tube digestif, ainsi que l'organe de la circulation, une petite vésicule qui se contracte et se dilate, la voyez-vous ? »

Par politesse, Flaubert acquiesce, même si son œil égaré dans le labyrinthe anatomique de la vorticelle n'identifie aucun des organes indiqués par le savant. Seul le rouge, impérieusement, s'impose à son regard : inattentif aux développements de Pennetier, il s'abandonne à la fascination de la couleur.

Une autre voix, plus grave, le ramène à lui : « Il fait un temps splendide, lance Pouchet, si nous sortions nous promener ? »

Flaubert relève la tête, retrouve le monde dont il s'était absenté, le visage de ses compagnons, les murs du laboratoire. Il cligne des yeux, et les deux Georges s'amusent de sa physionomie ; comme eux il rit, sans savoir pourquoi, et Pennetier en conclut que cet homme est décidément d'humeur joviale.

Peu à peu sa rétine s'accoutume au brusque changement de luminosité ; dans le bleu du ciel découpé par la fenêtre dérivent, en surimpression, les formes florales des vies naissantes.

*

Leur promenade les conduit le plus souvent le long de la côte, au nord de la ville. La baie de Fouesnant, entaillée d'estuaires étroits, offre au regard des perspectives changeantes, que le soleil de septembre baigne d'une lumière ambrée ; parmi les branchages des chênes verts et des pins maritimes, entre les ajoncs et les houx, scintille une mer absolument lisse ; çà et là, sur un granit émergé, le bec orange d'un huîtrier s'immisce entre les valves d'un coquillage – et Flaubert ne ressent rien. Tout cela est fort joli, il en convient, et l'aurait autrefois enchanté ; mais sa faculté d'admirer s'est émoussée.

Amer contraste avec les longues marches qu'il faisait avec Du Camp dans la région trente ans plus tôt ! Alors il suffisait d'un rien, il s'en souvient, pour exciter son enthousiasme : une muraille tapissée de lierre, un feuillage agité par la brise, l'évasement d'une colline, le jaillissement de l'écume, la mer *dont on ne se rassasiait pas de contempler l'azur*; en ce temps-là, tout nourrissait son œil insatiable, même les mousses, les ronces, les flaques d'eau, les cailloux. Son désir était si vif qu'il aurait voulu ne faire qu'un avec les éléments, se dissoudre dans l'atmosphère pour mieux s'en pénétrer et rejoindre enfin cette vie muette qu'il pressentait être la vraie, la vie éternelle et toujours changeante de l'eau, de la pierre et du vent.

Cet élan s'est perdu qui jadis lui dilatait les narines, lui écarquillait les yeux et le poussait sur les routes du matin jusqu'au soir; maintenant, se traînant sur le pourtour sinueux des anses de la baie, il n'éprouve que le poids de sa propre chair. Son pas est lent, son souffle court, et son esprit, loin de s'ouvrir aux forces et aux flux du monde, se resserre sur les menus accidents du chemin, une racine glissante, une roche instable, une ronce à écarter. Le coutil de son pantalon lui colle aux cuisses. Ses compagnons marchent trop vite à son gré, mais par orgueil il se refuse à le leur dire. De temps à autre, Pouchet s'arrête pour lui signaler un détail pittoresque, une algue rare ondulant dans le courant, une curiosité géologique : il profite de ces haltes pour reprendre son souffle, et pose un regard las sur tout ce qu'on lui montre.

Pennetier, en son for intérieur, est un peu déçu : le sentiment de la nature étant plus développé chez les poètes que dans le commun des mortels, il espérait recueillir quelques paroles sublimes. Mais voici que Flaubert va parler : Pennetier s'approche, l'oreille tendue.

« Dites, mes bichons, vous ne sentez pas venir la faim ? » demande l'écrivain.

Alors les trois hommes s'enfoncent dans l'intérieur des terres, à la recherche d'une auberge de village où ils déjeunent d'une matelote accompagnée de moules, d'ormeaux et de palourdes. Le retour à Concarneau se fait à travers champs, par le chemin le plus court ; des bandes de femmes à bonnet blanc, un panier sous le bras, vont au four ou au lavoir ; des relents de sardine flottent jusque sur les prés, qu'on fertilise avec le rebut des conserveries.

Dans les bois environnants retentit l'aboi des chiens et, parfois, l'écho d'une détonation : le préfet a dû décréter l'ouverture de la chasse. Flaubert lève les yeux au ciel : de toutes les occupations auxquelles s'adonnent ses semblables, celle-ci lui a toujours paru l'une des plus ineptes.

*

Il arrive qu'une excursion en voiture remplace la promenade du matin, comme ce jour où ils se font conduire jusqu'à Pont-Aven pour assister au Pardon de saint Joseph, le saint patron de la paroisse. On a tout juste achevé la construction de la nouvelle église : les fidèles devraient venir des quatre coins du pays d'Aven ; à en croire Pouchet, le spectacle vaudra le coup d'œil.

Durant tout le trajet, le *lustige Gelehrte* se montre d'humeur enjouée : la perspective de passer une journée parmi des paysans fanatiques, d'observer leurs coutumes et de se divertir à leurs dépens contente apparemment son esprit.

Son excitation indispose Flaubert ; il ne la partage pas. Il a beau vomir le clergé et aduler Voltaire, l'arrogance des républicains voltairiens lui cause toujours plus de gêne que de joie.

Tandis que la procession, avec ses bannières et ses statues couronnées de fleurs, se dirige vers la croix du cimetière, Pouchet, forçant la voix pour se faire entendre dans le tintement des cloches et la récitation des litanies, raille ces dévotions médiévales – ne s'agit-il pas, comme au temps des indulgences, d'obtenir par des offrandes le pardon des péchés ? Flaubert s'esquive et se mêle à la fête, sur la prairie, parmi les musiciens, les saltimbanques et les marchands ambulants.

Au fond d'une baraque, des acteurs représentent les scènes de la Fuite en Égypte ; la jeune femme qui joue Marie a de beaux yeux noirs, un peu trop vifs pour son rôle. Plus loin, un petit orchestre composé d'un piston, d'un tambour et de deux violons exécute des airs qu'on entendait quinze ans plus tôt à Paris, dans les bals du Second Empire. Hommes et femmes vont et viennent sur la prairie verdoyante ; quelques-uns, s'assemblant par groupes de quatre, dansent en tournant sur l'herbe ; dans l'accélération de leurs mouvements, les culottes de velours rouge se mêlent aux jupons jaunes, les vestes bleues aux tabliers de soie verte, et les longs rubans noués aux chapeaux frôlent les coiffes de dentelle impeccablement blanches. Des enfants passent en courant dans leur costume brodé ; un chien tacheté est couché aux pieds de deux femmes en habit de deuil, assises sur un rocher de granit rose. Étourdi par ce tourbillon de couleurs, grisé par quelques verres d'eau-de-vie bus trop vite, Flaubert se met, lui aussi, à tourner sur lui-même au son du violon, avec la lenteur pataude d'un ours qui danse. Bientôt les valeurs des couleurs s'estompent ; son regard ne distingue plus qu'une étendue verte émaillée par des éclats de dentelle. L'espace d'un instant, il n'est plus le fils de son père, il n'est plus l'oncle de sa nièce, il n'est plus l'auteur de ses livres : il se confond tout entier avec le mouvement qui l'entraîne.

Aussi subitement qu'elle est venue, cette impulsion se retire. Pris de vertige, il titube jusqu'au bord de la rivière et s'assoit contre le tronc d'un saule. Les yeux mi-clos, il reprend son souffle ; ses tympans bourdonnent. Une coccinelle s'est posée sur le dos de sa main. Lentement, elle parcourt toute l'étendue de son index, jusqu'à l'ongle où elle s'attarde avant de s'envoler.

Quand il relève la tête, un homme est assis à ses côtés. Il a les yeux clairs et les traits émaciés ; sous un chapeau noir à larges bords, une chevelure de saule pleureur lui tombe jusqu'aux épaules. Son visage est sans âge, comme celui des malades. L'homme le regarde fixement. Flaubert, gêné, détourne la tête en direction de la rivière. Mais l'inconnu lui agrippe le poignet, approche son visage du sien, et marmonne des imprécations dans un dialecte obscur où flottent des bribes de prières latines. Son regard semble implorer quelque chose ; les mêmes paroles reviennent, obstinément, dans un relent d'alcool.

Surgit un ecclésiastique en soutane qui, en quelques mots, apaise l'inconnu. Puis, emmenant Flaubert par le bras : « Ce pauvre diable voulait vous avertir que, par votre présence au pied de l'arbre, vous empêchiez les revenants de se manifester. Vous comprenez, ajoute-t-il en clignant de l'œil, c'est leur place attitrée. »

Comme Flaubert exprime le regret d'avoir offensé les morts, l'autre éclate de rire : « Pensez-vous ! Vieilles superstitions païennes ! Fatras celtique ! Et pourtant, si vous saviez quels efforts nous accomplissons pour implanter une spiritualité plus pure, plus respectueuse du dogme ! Tenez, dit-il en tendant la main vers le clocher nouvellement construit, cet édifice est consacré à saint Joseph, dont le Saint-Père en personne a si fortement encouragé la dévotion ces dernières années. Admirable exemple que celui de Joseph, n'est-ce pas ? Et merveilleusement propre à semer dans les âmes rudes et violentes de ces paysans bretons les ferments de tempérance, de douceur et de chasteté qui leur font tant défaut. Vous n'ignorez pas que le terrestre époux de la Vierge Marie fut exempté toute sa vie durant, par la grâce de Notre Seigneur, des mouvements de la concupiscence, car non seulement il ne convoita jamais la femme de son voisin, mais il ne connut jamais sa propre épouse ; grâce qu'il répand sur ceux qui l'honorent, en les délivrant des appétits charnels. »

Flaubert, qui a lu plus d'ouvrages de théologie que la plupart des ecclésiastiques, n'ignore rien des mérites attribués au saint ; or s'il est une chose qui l'irrite davantage que la condescendance des esprits forts, c'est la spiritualité sentimentale et contre-nature que propage, en ce siècle décidément stupide, l'Église catholique. Le culte de saint Joseph, fondé sur une écœurante aspiration à la pureté, un comique mépris du corps et une glorification bourgeoise du père de famille, condense tout ce qu'il exècre.

Il rejoint ses compagnons, qu'il divertit en imitant le prêtre. Au nom de Joseph, Pouchet secoue la tête de pitié : selon toute vraisemblance, croit-il savoir, Jésus était le fils adultérin d'un légionnaire romain nommé Pantera.

Ils regagnent leur voiture de louage. À la sortie du village, sur le bord de la route, un petit garçon d'une grande beauté, vêtu d'un habit blanc brodé de fleurs multicolores, agite une clochette sur leur passage.

« "Ce fut comme une apparition" », hasarde Pennetier.

Il s'est astreint à lire, avant son séjour, *Madame Bovary*, *Salammbô*, *L'Éducation sentimentale* et même, sans en venir à bout, *La Tentation de saint Antoine*. Or depuis son arrivée, Flaubert n'a pas dit un mot de ses œuvres, et Pennetier doit bientôt s'en retourner à Rouen. Il lui serait pénible de partir en laissant l'écrivain dans l'ignorance du temps qu'il a consacré à sa prose ; il lui serait agréable de voir son visage se plisser en une expression de reconnaissance ; aussi s'efforce-t-il de glisser dans la conversation des allusions aux œuvres du maître, mais celles-ci passent toujours inaperçues. Cette fois-ci, il en est sûr, il va faire mouche – et pour s'en assurer, sitôt assenée la phrase de *L'Éducation sentimentale*, il se retourne vers l'auteur assis à l'arrière de la voiture. Mais Flaubert somnole, la tête renversée, la bouche ouverte ; à chaque cahot de la route, ses joues marbrées de rouge tremblotent comme une gelée.

*

Où que les conduise leur excursion, ils sont généralement de retour à Concarneau avant deux heures de l'après-midi.

Les deux Georges se remettent à leurs travaux ; Flaubert regagne sa chambre et dort d'un sommeil lourd, épais, sans rêve.

Au sortir de ces siestes trop longues et trop profondes, qui l'engourdissent davantage qu'elles ne le reposent, il éprouve plus puissamment qu'à l'ordinaire lassitude, impuissance et dégoût de lui-même. Plonger si loin, pour revenir si semblable à soi ! Se soumettre à la nuit quand le jour bat son plein ! Étendu sur son matelas, les yeux fixés au plafond, luttant pour ne pas sombrer de nouveau dans un sommeil de plomb, Flaubert cède à la faiblesse de penser ; ses sensations anesthésiées ne le protègent plus contre cette tentation. Et ses idées se déploient, désancrées, implacablement hostiles au monde auquel rien ne les lie, prenant peu à peu, par la grâce du langage où elles s'incrustent en d'amères sentences sur le mépris de la vie et le néant de tout, l'apparence de vérités irréfutables.

Ce sont les voix qui l'arrachent à sa torpeur, les voix toujours plus nombreuses qui, par la fenêtre ouverte, montent du quai. Murmures, apostrophes, éclats de rire ; des essieux grincent, la ferrure des sabots retentit sur le pavé ; de temps à autre, porté par le vent, un appel éloigné perce la rumeur.

Flaubert s'est mis à la fenêtre : il voit le quai couvert de monde et les petites chaloupes de pêche qui, par centaines, affluent vers le port. Vigoureusement, les rames fouettent la mer : les premiers arrivés vendront leur marchandise au meilleur prix.

Sitôt que les chaloupes ont accosté, c'est un continuel va-et-vient pour décharger la pêche ; on saute, on grimpe, on s'accroupit, les paniers passent de main en main jusqu'aux carrioles qui s'en vont, chargées de sardines, vers les usines, tandis que les goélands, attirés par le poisson, tournent dans le ciel où leurs cris se mêlent aux ordres, aux chiffres des ventes, aux chants; et les marins restés à bord raccommodent les filets bleus, que d'autres suspendent aux mâts où ils sécheront jusqu'au lendemain.

Flaubert éprouve une sorte de plaisir à contempler ces mouvements qui n'obéissent pas à la seule nécessité de gagner son pain, ces mouvements qu'animent aussi la joie de revenir à bon port, l'excitation de la vitesse et l'orgueil d'un geste sûr. Ses idées noires ont disparu.

*

Mademoiselle Charlotte lui apporte une lettre de sa nièce : il l'en remercie vivement, aussi vivement que si cette lettre tenait son existence de sa grâce mystérieuse, et sitôt que le petit ange au regard oblique est reparti, il se plonge dans la prose austère de Caroline Commanville. Celle-ci l'exhorte à opposer aux tempêtes de la vie la dureté du récif; il ne doit, poursuit-elle, s'inquiéter ni du passé qui n'existe plus, ni de l'avenir qui n'existe pas encore; elle forme enfin le vœu que le climat soit doux, et lui donne des nouvelles de son lévrier. Pas un mot sur la liquidation ni sur la situation de son mari.

Il semble à Flaubert qu'on cherche à lui cacher quelque chose, qu'on le traite en enfant que les grandes personnes maintiennent dans l'ignorance de leurs affaires. Cette impuissance qu'on lui suppose le contrarie; il prend la plume et exerce l'unique pouvoir dont disposent les enfants frustrés, celui de geindre. Animé d'une hargne sournoise, il évoque ses tremblements, ses étouffements, les songes qui troublent ses nuits, la tristesse de ses réveils. Il se relit ; un scrupule le retient. Alors il biffe, transforme, ajoute, et vante, pour rassurer sa nièce, le charme des lieux et la gaieté de ses compagnons, si bien que sa lettre, tiraillée entre deux humeurs contradictoires, ne ressemble en fin de compte à rien, sinon peut-être à un homard entre deux carapaces.

Il signe en hâte, *Ton Vieux*, car il entend sous sa fenêtre les deux Georges qui l'appellent : cinq heures, c'est l'heure du bain, ce bain qu'il ne manquerait pour rien au monde puisqu'il y fait, parmi les vagues, sous le vol rasant des mouettes et les nuages bas que le vent chasse vers le continent, l'expérience simple, ténue, chaque jour reconquise, du plaisir d'exister.

*

Au dîner, Flaubert se montre toujours joyeux. À la détente qui suit l'effort de nager s'ajoute la satisfaction, propre aux mélancoliques, d'être venu à bout de la journée, le soulagement du crépuscule.

Il se gorge de homards, de tourteaux et de salicoques, qui constituent l'ordinaire de la maison Sergent ; tout ce qui passe sur cette table surabondante, il le dévore. Pouchet et Pennetier admirent son appétit.

« On croirait que vous vous entraînez pour le prochain congrès des hommes gras, lance Pouchet ; écoutez plutôt – c'est dans *Le Siècle* : "À Gregory's Point, dans le Connecticut, vient de se réunir, pour la neuvième fois, l'association des hommes gras... Le sol tremblait sous leurs pas comme si un troupeau d'hippopotames était entré dans la ville... Les hommes gras ont consommé cent boisseaux d'huîtres, dix tonneaux de pommes de terre, trois cents livres de carpes, cent livres d'anguilles, trois cents livres de homards, sans compter les montagnes de viande, bœuf, mouton, agneau et gibier..." »

Entre deux rires, Flaubert déclare qu'on ne voudrait pas de lui là-bas, à cause de sa peau rouge : on le chasserait dans une réserve ! « Vous n'ignorez pas que j'ai un ancêtre Peau-Rouge », ajoute-t-il en fixant sur Pennetier un œil froid et sérieux. Voyant la confusion troubler le regard du savant, il laisse échapper un long mugissement d'hilarité, un de ces rires dont l'ampleur suffit à exciter la gaieté. Et son teint, congestionné par le rire, briqué par le soleil, rehaussé par sa chemise ponceau, offre aux regards l'idée même du rouge, momentanément incarnée dans un visage.

*

Lorsque dix heures sonnent à l'horloge de la Ville-Close, il est déjà couché. Durant ces quelques minutes où les hommes, avant de se confier à la nuit, examinent ce que fut leur journée, il éprouve, sous la forme d'une sensation fugitive – un creux dans la poitrine, une ombre qui passe, un besoin de se retourner pour s'assurer qu'il n'y a personne –, l'absence de la bizarre habitude qui gouverne sa vie depuis tant d'années. Il y songe avec un mélange de dédain, de lassitude, d'indifférence, de regret, de résignation, de colère et d'inquiétude ; comme on se souvient d'un chien perdu, c'est ainsi qu'il pense à la littérature. Il cherche à se convaincre qu'il en est débarrassé, que la vie sans elle serait plus douce et plus facile ; qu'il pourrait tout bonnement la remplacer, cette habitude tyrannique, par une autre moins exigeante, un passe-temps, comme il convient à ceux qui n'attendent plus rien du temps sinon qu'il passe, la peinture par exemple. Ce pays lui donne envie de peindre : le ciel ne ressemble pas, comme en Normandie, à *un pot de chambre mal rincé*, il est plus bleu, plus fin, plus vibrant ; les couchers de soleil ont la douceur lumineuse des toiles de Claude Lorrain, et cette côte accidentée, plantée de pins noueux au travers desquels on devine la mer parsemée de rochers à fleur d'eau, rappelle les estampes japonaises que collectionne Goncourt. Oui, pourquoi pas ? Il peindrait, dans l'anonymat, des paysages et des marines, des couchers de soleil, des études d'algues et de rochers. Jamais il ne représenterait la face humaine.

*

Dans la chambre voisine, un homme tousse. Sa toux est grasse, bruyante, interminable. Elle répugne à Flaubert : il en émane la même impression de solitude et de déréliction qu'il sent planer sur sa propre vie. Demain, se promet-il en soufflant sa bougie, il demandera à mademoiselle Charlotte combien de nuits ce voisin va rester dans l'auberge.

On aimerait qu'il s'endorme en songeant au petit ange, à son regard asymétrique et doux, à son sourire furtif, à ses jeunes mains déjà rougies par le travail, à ses traits irrésolus, mobiles, que les années n'ont pas encore figés en un masque permanent de bienveillance, d'aigreur, de lasciveté, d'hébétude ou d'ennui, et que, l'alchimie du sommeil aidant, il s'éveille avec la certitude qu'une affinité mystérieuse le lie à cet être. On aimerait que, tel le grand Goethe s'unissant dans l'âge mûr à l'employée d'une manufacture de fleurs artificielles, Flaubert s'éprenne de cette servante au cœur droit, à l'intelligence étroite, à la bonté profonde. Cela ferait les affaires de tout le monde : les nôtres assurément, celles des amateurs de romances, et sans doute aussi celles de Flaubert, dont un amour d'arrière-saison apaiserait la vie.

Mais les instincts de cet homme ne le conduisent pas dans cette direction ; les crises de l'existence ne se résolvent pas, chez lui, en énamorations soudaines. D'abord, il a toujours été *très maître de son foutre* (quoique d'une autre manière que saint Joseph) ; quant au sentiment, c'est ce qu'il redoute le plus au monde, à la fois parce que la sentimentalité excessive qu'il porte en lui le terrifie, et parce que c'est l'écueil où ont sombré presque tous les écrivains de sa génération. De peur que le sentiment ne submerge sa vie et ne détourne son art du vrai, il a su, par une longue et exigeante discipline, en glacer à peu près complètement la source. Ce n'est pas à cinquante-trois ans qu'il va se faire surprendre.

Des aventures d'un autre ordre lui sont réservées.

6

La journée s'annonce semblable aux autres ; il est dix heures et Flaubert vient d'entrer dans le vivier-laboratoire. Comme toujours en cet instant, il se sent bien : les occupations scientifiques de Pouchet l'intéressent, la vie de Pouchet lui paraît enviable, et non sans naïveté il espère que, du simple fait de sa présence à ses côtés, les vertus qu'il prête à cette existence se répandront dans la sienne.

C'est dans la salle de dissection que travaille ce matin-là le savant. Flaubert le trouve penché sur un amas de chairs rosâtres où affleurent des viscères rougeoyants. En approchant de l'animal ouvert sur la table, il reconnaît une raie. Ses parois abdominales ont été rabattues et épinglées sur les côtés ; maniant avec adresse la pince et le ciseau, Pouchet soulève un filament, écarte une poche, sectionne un ligament.

Sans détourner les yeux, il apprend à Flaubert que l'appareil digestif de la raie présente certaines particularités dont on ignore encore la fonction. En effet, explique-t-il tout en effleurant des extrémités de sa pince les organes qu'il mentionne, l'œsophage est anormalement large et court ; en outre, phénomène inhabituel, aucun tissu ne rattache l'intestin à la paroi abdominale.

Il espérait, en opérant sur une raie vivante, éclaircir les causes de ce mystère ; car le grand avantage du vivier, dit-il, est que l'on peut, sans perdre un seul instant, faire passer directement l'animal du bassin sur la table d'expériences. Un poisson comme la raie, qui se pêche au large et périt presque aussitôt sorti de l'eau, ne pouvait jusqu'alors être étudié que corrompu par la mort, ce qui affectait considérablement les conditions de l'observation.

Flaubert l'écoute attentivement. Ce n'est pas l'anatomie de la raie qui retient son attention, ni les maigres résultats qu'expose le savant ; mais la rigueur, la ténacité, la concentration qu'il perçoit chez Pouchet présentent à ses yeux l'état le plus élevé que puisse atteindre l'esprit humain ; il y voit la promesse d'une vie à la fois sans ennui et sans passion, une vie vraiment libre dont, dirait-on, les murs et les paillasses en faïence qui l'entourent réverbèrent la lumière blanche, sereine et froide.

Il réprime un cri : il lui semble avoir vu tressaillir la raie. Avec sa bouche et ses narines dont la disposition évoque, pour l'imagination humaine, une paire d'yeux, on dirait qu'elle porte un masque de carnaval.

Le souvenir lui revient d'une femme nue, étendue sur le dos ; agrippé au treillage de la vigne, il détaille avidement, par la fenêtre ouverte de l'amphithéâtre d'anatomie, ses hanches, ses bras, l'arrondi de ses seins, son cou sillonné d'un trait sombre et ses longs cheveux noirs, encore trempés de l'eau du lavage mortuaire. Il ne se lasse pas de regarder, les yeux plissés pour mieux voir. Sa petite sœur est là, dans une allée du jardin ; elle lui demande de la laisser grimper au treillage : elle aussi veut regarder par la fenêtre. Il lui dit que ce n'est pas un spectacle pour les petites filles. Pourquoi, lui demande-t-elle, que voit-il ? Il écarte les feuilles de la vigne ; une grappe de raisin vert lui chatouille le cou. Il dit qu'il y a une dame, qu'elle a l'air bien gentille et qu'elle a de beaux cheveux noirs. Soudain il se tait : la silhouette du père se dessine dans l'encadrement de la fenêtre. Le docteur Flaubert n'aime rien tant que disséquer, même aux heures de repos. Il a dû raconter à Madame qu'il sortait faire une promenade, puis rejoindre en catimini l'amphithéâtre. Le voilà qui se penche sur la morte ; son expression ne trahit aucune émotion particulière. Le bistouri pénètre la chair marbrée ; puis le ciseau. Au pied du treillage, Caroline s'impatiente : elle chuchote le prénom de Gustave. Mais lui, la bouche ouverte, ne l'écoute pas. À l'aide d'une pince, son père vient de retirer quelque chose du ventre ouvert de la morte ; c'est gros comme le pouce, incurvé ; l'enfant n'arrive pas à distinguer ce que c'est ; mais il voit son père sectionner un filament blanchâtre et reposer, délicatement, la pince sur un plateau. Puis, chose rare, il voit ce libre penseur dessiner à la va-vite un signe de croix. Soudain, il sent une douleur au mollet : sa sœur, exaspérée, vient de le pincer. Il lui donne un coup de pied, elle pousse un hurlement, le docteur tourne la tête vers la fenêtre. Gustave dégringole à terre ; couchés au sol, sous le feuillage encore frémissant de la vigne, les deux enfants entendent leur père crier : « Allez, filez ! que je ne vous voie plus ! » Et les battants de la fenêtre se referment avec fracas.

Pouchet en a terminé avec la raie ; il rince son matériel puis, tout en se lavant les mains, annonce à Flaubert qu'il n'y aura pas de promenade ce matin-là : il souhaite discuter avec Pennetier de ses recherches, avant que celui-ci, en début d'après-midi, ne reparte pour Rouen. Flaubert acquiesce et se retire. Pour sortir, il emprunte un couloir faiblement éclairé où, ainsi qu'en une arche de Noé bizarre et monstrueuse, sont disposés sur une étagère, dans des bocaux emplis d'un liquide jaunâtre, des poissons à deux queues, des raies scoliotiques, des crabes à treize pattes, des maquereaux spiralés, et d'informes enchevêtrements de chair, de cartilage et de nageoires d'où émerge, jeté là par on ne sait quel caprice de la nature, un œil unique et vitreux.

*

Sur le perron de la station marine, les mains dans les poches, il se demande à quoi employer ces heures qu'il n'imaginait pas vacantes. Il décide alors qu'il ira marcher, seul, le long de la côte – mais après un détour par les latrines de l'auberge.

Une fois évacuée la prodigieuse quantité de homard dont il s'est gorgé la veille, une faiblesse, une fatigue, la vague envie de bavarder avec mademoiselle Charlotte ou l'obscur désir de jouir en paix de l'exténuation de ses boyaux, le reconduisent dans sa chambre.

Étendu sur son lit, il sait qu'il ne ressortira pas. Il pourrait s'endormir, mais s'il s'y met dès le matin, comment occupera-t-il l'après-midi ? Le plus sage serait de patienter jusqu'au déjeuner. Il prend un livre, le repose, va voir à la fenêtre s'il se passe quelque chose : le port de Concarneau est désert et le vent, plus fort qu'à l'accoutumée en ce jour d'équinoxe, charrie des odeurs de sardine. Il se laisse choir sur un fauteuil, face au petit meuble où il écrit ses lettres ; il caresse un instant le projet d'écrire à sa nièce, mais il y renonce presque aussitôt.

L'homme qui loge dans la chambre voisine s'est remis à tousser. Se recroquevillant sur le bureau, le front posé sur l'avant-bras, Flaubert essaie d'oublier ce bruit qui le dégoûte, cette toux persistante, graillonnante, hideuse, qui sonne à ses oreilles comme le rappel des vies défaites.

*

Quand il descend déjeuner une heure plus tard, il a commencé à ébaucher, sur une large feuille de papier écru des papeteries Canson, le plan d'un conte médiéval.

*

Julien est l'enfant unique d'un noble seigneur et de sa gente épouse, auxquels on prédit que leur fils aura un destin remarquable. Il grandit dans le château familial ; on ne peut imaginer parents plus aimants que les siens. Mais l'enfant se découvre un penchant pour la cruauté : il tue une souris, il étrangle un pigeon ; ces actes lui procurent un trouble voluptueux. Sitôt qu'il en a l'âge, il s'adonne sans retenue à la chasse. Un matin qu'il est sorti chasser, il massacre, comme par enchantement, toutes les bêtes qui se présentent à sa vue ; aucune n'échappe à ses flèches, à son coutelas, à son épée ; ce carnage s'achève par le meurtre d'un grand cerf ; une flèche plantée en plein front, le majestueux animal s'avance vers son bourreau pour lui prédire qu'il assassinera un jour père et mère.

Épouvanté, Julien fuit le château familial et rejoint une troupe d'aventuriers dont il devient le chef. En récompense de ses exploits guerriers, l'empereur d'Occitanie lui donne la main de sa fille. Il s'installe avec son épouse dans un palais de marbre. Sa félicité est complète, sa prospérité assurée ; mais une secrète langueur l'empêche d'en jouir. Quoique le souvenir de sa férocité l'effraie, le désir de la chasse le tourmente. Enfin, par une nuit d'hiver, entendant des animaux passer sous sa fenêtre, il sort. Les bêtes affluent autour de lui, et pourtant il ne parvient à en tuer aucune. Ses coups, comme sous l'effet d'un sortilège, portent à faux ; et les animaux, toujours plus nombreux, font cercle autour de lui.

Pendant ce temps, un couple âgé se présente à la porte du palais. Ce sont les parents de Julien, partis à la recherche de leur fils. Sa jeune épouse, pour honorer ces hôtes de marque, les fait coucher dans sa propre chambre. Quand Julien, traqué par les bêtes, rentre après une nuit d'angoisse, il se rend compte en tâtonnant dans la pénombre que deux personnes sont étendues sur le lit conjugal. Il se croit bafoué ; furieux, il plonge son épée dans le corps des dormeurs. L'aube point par la fenêtre et il reconnaît ses parents, baignés de sang.

Accablé par l'énormité de son crime, il disparaît et mène une vie solitaire, misérable, honteuse. Il s'établit comme passeur, au bord d'un fleuve aux eaux bourbeuses. Il couche dans une cabane de rondins, se nourrit de racines et de plantes ; par pénitence, il ne mange plus de chair animale. Un soir, il accueille dans sa barque un lépreux en guenilles. Une fois le fleuve traversé, celui-ci lui demande l'hospitalité. Julien lui offre son pain, son lit. Le lépreux, transi de froid, demande à Julien de se coucher à ses côtés ; seule son étreinte pourra le réchauffer. Julien obéit. Le lépreux l'enlace, approche son hideux visage du sien ; et tandis que se révèle sous la lèpre, en cet ultime baiser, la face transfigurée de Jésus, Julien se sent emporté vers les cieux.

*

Cette légende, Flaubert la connaît depuis l'adolescence : elle est peinte, à Rouen, sur un vitrail de la cathédrale. Il a déjà songé à l'écrire une vingtaine d'années plus tôt, après avoir achevé sa *Bovary* ; il avait même, à l'époque, esquissé un premier plan et lu quelques traités de vénerie.

Prudemment, timidement, poussivement, en *vache stérile* qu'il est devenu, il se rabat donc faute de mieux sur un vieux fond de tiroir. De ce repli ne peut naître qu'une œuvrette insignifiante, un exercice de style : tel est l'avis de Flaubert. *Ce n'est rien du tout et je n'y attache aucune importance*, affirme-t-il à un ami ; *une petite bêtise moyenâgeuse*, confie-t-il à George Sand.

Mais on pourrait penser qu'un sujet deux fois passé au crible de son jugement, à vingt ans d'intervalle, et finalement sélectionné parmi le flux incessant de ses productions imaginaires – l'histoire, sous Napoléon III, d'un poète obsédé du désir de parvenir, qui se lance en politique et finit dans l'affairisme ; le récit de la bataille des Thermopyles ; un grand roman sur l'Orient moderne et le canal de Suez ; une histoire de Cambyse, le souverain achéménide dont les armées soumirent l'Égypte ; la fable d'un homme menant en parallèle une vie réelle et une vie fantastique –, qu'un sujet aussi mûrement choisi, donc, doit avoir quelque valeur aux yeux de Flaubert. Ce que confirmerait cette dénégation trop appuyée pour n'être pas suspecte : *Ce n'est rien du tout et je n'y attache aucune importance.*

Quant à la question de savoir pourquoi il a jugé bon, à Concarneau, en ce mois de septembre 1875, de reprendre l'histoire de ce chasseur parricide, de ce cœur féroce, de cet enfant déchu trouvant son salut dans sa chute ; de savoir quel obscur lacis d'impulsions, quels courants et contre-courants intérieurs ont pu le pousser vers ce choix, Flaubert ne fournira pas d'autre explication que celle-ci : il veut voir s'il est *encore capable de faire une phrase.* Sans doute lui est-il impossible de porter plus loin son regard.

*

Au dîner, la conversation tombe sur Pennetier, qui vient de les quitter. Faisant son éloge, Pouchet dit à quel point son père, Félix-Archimède, était heureux, à la fin de sa vie, de pouvoir compter sur un disciple aussi enthousiaste. « Oui, reprend Flaubert, il a eu la consolation de savoir que sa postérité était assurée. » Ce n'est qu'en remarquant le sourire figé et le regard ostensiblement approbateur dont

Pouchet accueille ses paroles, mimique de comédien cherchant à produire les signes de l'assentiment et non expression d'assentiment véritable, que Flaubert mesure la portée de ses propos. « Sa postérité spirituelle, se hâte-t-il d'ajouter; les générations spontanées, les infusoires… »

« Cela va de soi, n'en parlons plus » : voilà ce que semble lui dire, d'une brève inclinaison de la tête, l'homme assis en face de lui.

Mais non, cela ne va pas de soi; Flaubert sent bien qu'il a commis une bourde; il le sent à la chaleur qui gagne ses joues, aux traits assombris de son ami. Le besoin de réparer ses torts le pousse, presque malgré lui, à parler; et comme il arrive souvent en pareil cas, il en dit plus qu'il ne voudrait. Il déclare que le docteur Flaubert n'a pas connu, lui, la joie d'avoir un successeur. Certes, à sa mort, c'est Achille, le fils aîné, qui a récupéré sa place à l'Hôtel-Dieu, « mais entre nous, confie-t-il, mon frère n'arrive pas à la cheville de mon père, c'est un médiocre; et quant à moi, soupire-t-il, quant à moi… j'ai fait le désespoir de mon père. »

On entend battre au-dehors, contre les murs du quai, les vives-eaux de la marée d'équinoxe.

Après quelques paroles de consolation convenues, Pouchet laisse entendre qu'il est temps de se coucher.

7

Le lendemain matin, lorsque mademoiselle Charlotte, après lui avoir apporté son déjeuner, lui annonce qu'il n'y a toujours pas de télégramme pour lui, Flaubert s'aperçoit qu'il n'avait pas, de lui-même, songé à lui poser la question ; mieux, que pas un instant, depuis son réveil, il ne s'est préoccupé des affaires du couple Commanville. Seul saint Julien a occupé ses pensées : le rythme du récit, l'enchaînement des épisodes, les effets de contraste, de symétrie, de répétition, de convergence, les couleurs qu'il souhaite faire rayonner dans son texte – jaune, vert, rouge, bleu, comme sur un vitrail d'église. Il sourit, et se promet de travailler beaucoup.

Mais trois jours plus tard, son plan atteint à peine les dimensions d'une demi-page.

*

Cela débute par la promesse d'une phrase, un coup frappé à la porte des contes et des légendes :

Jamais il n'y eut meilleurs parents – ni d'enfant mieux élevé que le petit Julien.

Puis, comme on trace un croquis, Flaubert pose les linéaments de son récit :

Ils habitaient un château, sur une montagne boisée, ensemble dans le paysage – enceinte, tours, jardin, verger, mail, chapelle, pigeonnier etc. Le tout peu fortifié, & dans une enceinte de haies d'épines. vu en pente & d'un seul coup d'œil comme un plan. Aspect doux. Sentinelle sur la courtine. mais inutile.

Le père de Julien… pelisse costume et occupations cause avec ses gens, apaise les querelles de ses voisins visite ses pauvres, se chauffe en pensant à sa jeunesse. De temps à autres, la chasse. Mais devenait vieux, avait plutôt une fauconnerie, par convenance que par goût. – la meute un peu abandonnée, grasse.

Cette dernière indication sur la chasse, Flaubert l'ajoute après coup, dans la marge ; il y voit le moyen d'introduire, à l'orée du conte, ce qui en sera l'un des principaux motifs. Son habileté le réjouit, et l'imagination de ces dogues engraissant dans l'oisiveté le divertit une bonne vingtaine de minutes.

La mère… ménage, conserves, au milieu de ses femmes, clefs – pauvres. filait. broderies d'église.

— Réjouissances à sa naissance. parmi la foule d'inconnus une bohémienne s'introduit dans sa chambre lui avait prédit que son fils serait un saint. un astrologue avait prédit au père que son fils arriverait aux plus hautes charges. s'informe d'heures. rayon de lune.

— Aucun des deux, par humilité, ne conta cela. L'enfant est élevé en conséquence.

*

La lenteur de sa progression ne doit rien aux réquisitions du style, à la torturante recherche du mot, aux savants complots de la syntaxe et du rythme. Au contraire, à ce stade, Flaubert ne rature presque rien. Son travail ne consiste pas à inventer mais, ce qui est la seule manière de créer du vrai, à se ressouvenir ; à se ressouvenir des images qu'il avait déjà en tête lorsqu'il envisageait vingt ans plus tôt de conter cette légende, et qui ont toujours hanté son esprit puisque tout Moderne porte en lui, aux côtés d'une Antiquité fantasmée, un Moyen Âge rêvé – âge d'exaltation, de vitalité, de brutalité, où l'ardeur et l'impétuosité de la jeunesse côtoient la maturité la plus lasse. Son Antiquité mentale, Flaubert a déjà eu l'occasion de lui donner forme et couleur : ce sont les éléphants de Carthage aux oreilles peintes en bleu, les sandales en papyrus de la fille d'Hamilcar, les visions hantant saint Antoine au désert. Mais son Moyen Âge intérieur, il ne l'a encore retranscrit nulle part, à l'exception des compositions dont il noircissait ses cahiers de collégien, « Dernière scène de la mort de Marguerite de Bourgogne », « Loys XI », et autres fantaisies dans le goût d'Alexandre Dumas et de *Notre-Dame de Paris*.

Il laisse venir à lui les mots, à l'affût de ceux dont la matière sonore lui semble receler la substance de sa rêverie : *pelisse*, *pigeonnier*, *courtine*, *fauconnerie*.

Des images prennent forme, se déploient devant ses yeux mi-clos : un château sur une montagne boisée, un vieillard qui se chauffe en se remémorant sa jeunesse, une femme filant des broderies d'église, l'intrusion d'une bohémienne dans une fête. Pendant ce temps, Flaubert est rarement assis à sa table : le plus souvent, allongé sur le lit, il rêvasse. La lumière du soleil, selon l'heure, pénètre plus ou moins dans sa chambre ; parfois, il sent la chaleur d'un rayon sur sa joue droite. Il arrive qu'il s'endorme ; mais à peine le sommeil survenu, un tressaillement de son pied l'en arrache. Alors il reprend le fil interrompu : un château au milieu des bois, sur une colline, un vieillard qui contemple les braises en se rappelant sa jeunesse…

Son imagination, en ses volutes, le reconduit volontiers au vitrail de la cathédrale ou plus exactement au souvenir qu'il en garde, souvenir si imprécis, si vague, qu'il s'agit plutôt d'une idée – un mouvement ascensionnel du regard, une élévation polychrome où prédominent le rouge et le bleu, des fragments de verre unifiés par la lumière qui les traverse et qu'ils réfractent. C'est de cette lumière-là, songe-t-il, ou de son équivalent verbal, qu'il aimerait nimber le conte qu'il médite. Le détail historique, l'exactitude archéologique, ces choses-là sont accessoires et ne suffisent pas à produire du beau ; souvent même elles en détournent ; c'est ce que semblent ignorer Zola et les auteurs de la nouvelle école, avec leur culte du document et leur vénération de la réalité. Lui sait par quelles intimes connexions le beau rejoint toujours le vrai ; et, à demi couché sur son lit, les jambes croisées, il croit voir briller, comme à travers un voile, la splendeur de l'idéal.

Sa songerie absorbée par le vitrail bifurque vers l'homme qui le lui fit connaître, son professeur de dessin, le père Langlois, graveur rouennais passionné par le Moyen Âge, auteur d'études érudites consacrées à la peinture sur verre et aux danses macabres, qui passait parmi les bourgeois de Rouen, à cause de sa piété naïve et de son indifférence à l'argent, pour un « pauvre diable ». Flaubert se souvient du jour où, encore enfant, il avait dû poser, en habit, devant Langlois, pour un portrait – le tout premier qu'on eût fait de sa personne. Tournés vers le portraitiste, ses yeux s'étaient longuement imprégnés de sa physionomie, de sorte qu'il revoit, aussi nettement que si la séance avait eu lieu la veille, les traits de l'homme auquel il a livré son visage : le menton finement dessiné, le regard étréci par l'attention, les pommettes saillantes, l'abondante chevelure blanche et bouclée qui donnait au père Langlois l'air d'une vieille Anglaise.

Il se souvient aussi du jour où, à peine plus âgé, il s'était fait sèchement tancer par son père pour avoir barbouillé, sur la dernière page d'un livre offert à celui-ci par Langlois, diverses esquisses de signatures, comme font les enfants désireux de s'approprier le nom qu'ils portent. Il découvre, à la faveur de cette réminiscence, que les émotions qu'avait fait naître en lui cet incident – la honte d'avoir été pris en faute, le sentiment confus d'une injustice, une obscure rancune – ne sont pas tout à fait dissipées, que leur source n'est pas tarie ; cette fugitive résurrection de sa puérilité lui fait mesurer, avec plus d'acuité qu'à l'ordinaire, combien il a vieilli.

Tandis que sa rêverie sur le petit Julien s'entrelace au souvenir de son enfance, la lumière du soleil se déporte vers l'ouest ; elle tombe à présent sur les remparts de la Ville-Close. Flaubert constate le soudain assombrissement de sa chambre et s'efforce de ressaisir les rênes de sa songerie : un château dominant un vallon ; le mur d'enceinte, les tours, le jardin, le pigeonnier – et, au fond d'une salle déserte, enveloppé dans sa pelisse d'hermine, de zibeline ou de renard, le maître des lieux, l'esprit tourné vers ses exploits passés, se chauffant les mains devant un feu de cheminée.

Cinq heures sonnent au clocher de l'église : l'heure du bain. Pouchet l'attend dehors, il descend le rejoindre.

Voilà comment s'écoule une journée de travail.

*

En cette dernière semaine de septembre, les femmes à ombrelle et leurs enfants mal portants ont quitté Concarneau. Le temps fraîchit ; Flaubert a passé sur sa chemise un gilet de tricot couleur cachou.

Les deux hommes sont seuls sur la plage, à l'exception d'un chien errant, un mastiff au poil jaune qui gambade dans la mer, avec de l'eau jusqu'au ventre.

Ils enfilent leur tenue de bain. Le vent fouette leurs bras nus ; un nuage obscurcit l'éclat du soleil. Flaubert avance d'un pas timide ; il annonce à Pouchet qu'il n'est pas certain de se baigner. Mais l'autre, invoquant son ascendance anglaise, se jette à l'eau sans hésiter.

Une vague glacée vient lécher le pied de Flaubert, qui recule avec la vivacité d'un enfant.

Pouchet le hèle : le battement de la mer couvre ses paroles, mais Flaubert lit dans ses gestes une invitation à le rejoindre. Faisant signe que non, il s'assoit sur un rocher. La lumière, à la fois grise et éblouissante à cause de la réverbération de l'eau, le force à plisser les yeux. À ses pieds, sur le sable humide, les empreintes d'un oiseau vont se perdre parmi les fragments d'algues et les débris de coquillages laissés par la mer. Dans une flaque flotte un petit crabe au dos verdâtre.

Flaubert trace ses initiales dans le sable, puis les efface. Il relève les yeux : la tête de Pouchet oscille au loin parmi les vagues, comme un bouchon porté par le flot.

Une bourrasque le fait frissonner. En attendant le retour de Pouchet, il décide de marcher sur la plage, délimitée du côté où il se dirige par un éperon rocheux qu'il peut franchir par le milieu, en gravissant quelques blocs de granit. De la plage voisine, masquée par l'éperon, lui parvient un choc sourd et régulier, qui ne se confond pas avec le bruit du ressac. Ce son le trouble ; contraint, sous peine de tomber, d'avancer avec précaution sur les rochers glissants, il ne peut en identifier immédiatement l'origine. Les coups continuent, insistants, monotones ; le souvenir lui revient des cercueils qu'il entendait clouer, au petit matin, à l'Hôtel-Dieu, pour les indigents qui n'avaient pas passé la nuit.

Il arrive enfin en vue de l'autre côté : deux hommes sont là, penchés sur la coque d'une barque. À sa vue, ils relèvent la tête et interrompent leur travail, comme s'il les dérangeait. Il les salue d'un geste vague et rebrousse chemin. Le choc du marteau sur les planches reprend aussitôt qu'il a le dos tourné.

À son retour, Pouchet est sorti de l'eau ; il soutient que dix minutes suffisent à absorber la vie de la mer, et qu'au-delà le bain nuit.

*

Comme ils regagnent la ville en discutant des vertus de l'hydrothérapie, ils s'aperçoivent, en traversant un carrefour, que le chien jaune les a suivis depuis la plage. L'animal s'immobilise et les regarde, la langue pendante ; sous son front sillonné de plis, ses yeux enfoncés, cernés de noir, semblent exprimer une inquiétude douloureuse. Puis il vient en couinant se coller aux jambes de Pouchet, qui lui caresse la tête.

Évidemment, se dit Flaubert : il va d'instinct vers le plus gai, le plus vigoureux ; il va vers l'homme qui n'a pas reculé devant la mer.

8

Les jours suivants, son travail n'avance guère. Dans son esprit, comme le long d'une spirale, les mêmes images défilent sans cesse, chaque fois plus pesantes, alourdies par leur répétition. Il a la sensation de stagner, sans comprendre pourquoi. Son élan s'épuise.

Il blâme les circonstances, en particulier l'absence de Pouchet, que ses responsabilités au Muséum ont rappelé à Paris pour quatre jours. Sans Pouchet, il se sent perdu ; son exemple le stimulait, l'aidait à maintenir le cap ; la compagnie de Pouchet lui est indispensable. C'est du moins ainsi qu'il tente de s'expliquer son désœuvrement.

Le séjour de Concarneau lui semble soudain moins charmant. Il se demande pourquoi il reste là, seul, parmi ces relents de sardine et d'huile rance, dans cette auberge malcommode où il lui faut, pour accéder aux latrines, descendre au fond de la cour, parfois sous une pluie battante.

Il a cessé de se baigner. Dès la fin de l'après-midi, la fatigue d'être seul le pousse dans la salle à manger, qu'on dirait sortie d'un roman de Balzac avec son sol carrelé de rouge, ses chaises de paille, son buffet de bois peint et ses rideaux à rayures roses; là, assis à la table d'hôte, il passe la soirée à écouter les conversations des habitués : patrons de pêche, commerçants, chasseurs. Le prix du mille de sardines fait l'objet de spéculations sans fin. On commente les dernières informations : Guérec a été vu tantôt sortant de chez Gloaguen, compterait-il donc changer de fournisseur? Les sœurs Morvan portaient toutes les deux un fichu neuf, y aurait-il eu une rentrée d'argent dans la famille? Quelquefois, pour se distraire, on examine un fusil de chasse : calibre, culasse, recul, densité de la crosse, avantages comparés des cartouches Flobert et des cartouches Pottet, ces amateurs ne laissent aucun détail dans l'ombre. Un soir, l'un d'entre eux, passablement aviné, voyant entrer mademoiselle Charlotte qui aide au service, met en joue le petit ange et, prenant un air furieux, menace en hurlant de la tuer; la jeune femme se fige, apeurée, une soupière entre les mains. La plaisanterie continue : « Après ce que tu m'as fait! » rugit l'homme, avant de presser, lentement, sur la détente. Longtemps après que mademoiselle Charlotte, pâle et tremblante, a servi la soupe, la salle résonne encore du rire propre aux hommes dont la jeunesse n'en finit pas de passer.

Flaubert accueille tout cela avec une sorte d'accablement voluptueux, en vertu de *cet instinct dépravé qui nous fait parfois mettre le nez sous le drap pour sentir l'odeur d'un pet.*

*

Un autre instinct, plus dépravé encore, le pousse vers les journaux. *Le Siècle*, *Le Temps*, *Le Phare de la Loire* : de tous les quotidiens que reçoit la maison Sergent, il ingurgite méthodiquement le contenu.

Il commence, avec une curiosité mêlée d'appréhension, par consulter la rubrique consacrée aux faillites. Là, entre les annonces de mariage et les nécrologies – car la faillite, au même titre que la mort et les épousailles, est considérée comme un des événements définitifs de l'existence –, les noms et adresses des commerçants faillis sont livrés à la connaissance du public : un torréfacteur de café, un limonadier, un fabriquant de boulons et rivets, un chemisier, un entrepreneur de fêtes publiques, un distillateur, un quincaillier, un plumassier, un libraire.

Flaubert sait bien qu'en cas de catastrophe, il en serait aussitôt informé par sa nièce, et qu'à la honte de la faillite ne s'ajoutera pas l'horreur d'apprendre celle-ci dans le journal. Il n'empêche qu'il éprouve une sorte de soulagement à ne pas voir paraître, parmi ces hommes déchus, le nom d'Ernest Commanville, exploitant forestier.

Son regard glisse vers la page voisine, où l'on rend compte, entre autres événements remarquables, de la visite du président Mac Mahon dans la bonne ville de Rouen. « Le cardinal de Bonnechose a prononcé un discours. Il a dit qu'il était heureux de saluer dans la personne du chef de l'État le guerrier valeureux qui, loin d'ambitionner le pouvoir, n'en a accepté le fardeau que par pur dévouement pour le pays. » Flaubert imagine les rues pavoisées, l'excitation générale, les notables intriguant pour serrer la main du maître. Il se réjouit d'avoir échappé à cette agitation, et revient à la première page.

Le feuilleton, sur le tiers inférieur, est occupé par *L'Auberge du monde*, une production d'Hector Malot – un Normand comme lui, natif de La Bouille, tout près de Croisset, qui lui aussi, contre la volonté de son père, a abandonné ses études de droit pour se lancer dans la carrière des lettres. Les yeux de Flaubert tombent sur une scène dialoguée :

« — Ce n'est pas le marquis qui est mal avec le colonel, c'est le colonel qui est fâché contre le marquis.

— Vraiment ?

— Positivement.

— Il est jaloux ?

— Peut-être, mais en tout cas ce n'est pas du marquis.

— Alors je ne comprends pas du tout.

Le baron se mit à rire d'une façon narquoise, en homme qui prend plaisir à affirmer sa supériorité. »

Curieux de savoir pourquoi le baron ricane ainsi, Flaubert tourne la page, et la typographie spectaculaire des réclames lui saute à la vue. On vante notamment, ce qui retient son attention, un nouveau système de dentier, d'une légèreté extrême et ne présentant aucun des graves inconvénients résultant de la présence de ressorts, crochets et plaques métalliques qui DÉCHIRENT et TUMÉFIENT les gencives, USENT et COUPENT les dents.

Puis il parcourt la liste des nominations aux fonctions officielles : administrateur de monuments historiques, conservateur de bibliothèque, rédacteur aux Chambres. Lui-même n'exclut pas de solliciter une place de même nature. Sa nièce l'y encourage : cela lui garantirait un revenu régulier ; il faut y songer maintenant qu'il a englouti tout son bien dans les affaires de Commanville. La nomination, croit-il, se ferait sans difficulté, grâce à quelques relations haut placées ; mais l'idée de quémander une faveur répugne à son orgueil, et la perspective de découvrir à cinquante ans passés la vie de bureau le désole.

Il repose le journal, regarde un moment dans le vide, et en saisit un autre sur la table où ils sont empilés.

*

Même en l'absence de Pouchet, il retourne à la station marine. Il parcourt les rayons de la bibliothèque, bavarde avec le marin chargé de nourrir les poissons, arpente les allées du vivier à ciel ouvert, entre les bassins creusés à même le récif où évoluent, dans une eau chaque jour renouvelée grâce aux ouvertures grillagées donnant sur la mer, des homards, des raies, des mulets, des soles, des congres, des anguilles, des dorades, des grondins, des barbues, des turbots, des langoustes, des plies, des poulpes et autres créatures rassemblées en ces lieux pour les besoins conjugués de la science et de la pisciculture.

Il fait toujours une halte à l'aquarium, devant le bac qui renferme le homard dont Pouchet et lui avaient observé la mue. Les mouvements de l'animal sont rares ; quoiqu'il ait grossi, il paraît encore faible. Flaubert plonge la main dans l'eau froide et, délicatement, tapote le dos du crustacé, qui se rencogne avec une lenteur comique. Sa nouvelle carapace n'a pas encore la dureté du calcaire ; Victor Hugo n'en ferait qu'une bouchée.

Elephanti locustarum generis nigri, des éléphants noirs de l'espèce des langoustes : ainsi Pline décrivait-il le homard, qui n'avait pas de nom dans sa langue. Flaubert se répète ces mots latins, charmé de leur beauté, envieux de ce temps où il restait encore quelque chose à nommer dans le monde.

Dans le bac voisin flottent les poches, semblables à des algues, où sont enclos les embryons d'une raie ; ailleurs, la bouche d'une holothurie se couronne de ramifications aussi délicates qu'un flocon de neige ; là, telle une jarre de terre cuite échouée au fond des mers, gît une ascidie rouge et bombée ; plus loin, un hippocampe enroule sa queue au tentacule d'un polype.

Environné des bêtes de la mer, confronté au spectacle de leur éclosion et de leurs métamorphoses, ébloui par leur splendeur silencieuse, Flaubert pense à Adam parmi les créatures du jardin d'Éden, à Noé dans son arche, au chasseur sauvage dont il rêve le destin.

*

Penché sur le deuxième feuillet de son plan, il imagine la mélancolie de Julien marié, ayant toutes les raisons d'être heureux mais tourmenté, en son palais de marbre blanc, par l'oisiveté, le désir de la chasse et le souvenir de la terrible prophétie du cerf. Un détail lui paraît de nature à condenser l'accablement de son personnage : sa pose. Il note, en caractères serrés, *appuyé sur le coude*, et se jette en travers du lit.

Il est debout, pieds nus car on a exigé qu'il se déchausse, au centre d'un grand carré de matière sombre : du cuir, se dit-il en sentant sous ses talons la douceur un peu grasse de la peau tannée. Il en éprouve un vif plaisir.

Cependant, sans qu'il comprenne comment, les rebords de cette pièce de cuir se sont relevés pour former une paroi, souple mais indéchirable, qui encercle tout son corps. Instinctivement, il lève la tête : une ouverture à peu près circulaire lui permet de respirer. Il essaie de se dégager de cette espèce de bourse où il se trouve enserré. Mais une force s'oppose à ses efforts – comme si l'on exerçait sur son corps, de l'extérieur, une pression irrésistible. Il renonce à sortir la tête du sac : tant qu'il peut respirer, tout va bien. C'est comme s'il se trouvait dans un puits de cuir ; un puits doux et qui sent bon.

Quelque chose tombe à ses côtés, au fond du sac. Il tend la main, entrevoit une forme dans la pénombre – puis, d'un coup, comme on se rappelle une évidence oubliée, il comprend qu'on l'a enfermé avec un chien, que l'ouverture au-dessus de sa tête vient d'être hermétiquement cousue, et que le sac est à l'instant même en train de chuter, de chuter vers la mer où l'attend une mort effroyable.

*

Le pichet, au chevet du lit, est vide : Flaubert sonne et demande à mademoiselle Charlotte de le remplir. Puis, tout en buvant un verre d'eau, il fait signe à la jeune femme de rester. Sa compagnie, après ce cauchemar, apaisera les battements de son cœur. Il essaie d'engager la conversation. Ses questions sont poussives, les réponses du petit ange brèves et embarrassées ; elle doit retourner laver le carreau de la grande salle et se demande ce que lui veut ce gros monsieur exagérément rouge. Elle garde les yeux baissés, ayant déjà appris à se méfier de la bienveillance inattendue que manifestent parfois les hommes.

À court d'idées, Flaubert lui reparle alors de l'incident du fusil. Elle a paru fort effrayée ce soir-là ; il regrette qu'elle ait dû subir cette plaisanterie violente.

Elle répond que ce n'est rien, elle est habituée aux farces des messieurs ; mais il est vrai, avoue-t-elle, qu'elle a eu peur, parce qu'un sorcier a prédit, à sa naissance, qu'une arme à feu ferait son malheur.

Flaubert n'est nullement tenté d'en sourire. Il hoche la tête, et, de sa voix la plus douce, il forme le vœu que le sorcier ait aussi prophétisé des choses plus gaies.

Mademoiselle Charlotte hausse les épaules, et relève vers lui son œil valide. Ce qui la rendrait vraiment heureuse, dit-elle après un moment, ce serait de trouver une place à Paris. Une de ses cousines est employée dans une grande maison ; il y a, paraît-il, un jardin avec une serre où poussent des fleurs venues des pays chauds. Elle aimerait l'y rejoindre ; mais on ne voudra pas d'elle, à cause de sa figure.

Flaubert se récrie : elle est jolie comme un cœur ! un vrai petit ange ; s'il en avait les moyens, il la prendrait à son service sans hésiter.

Il s'apprête, assez inconsidérément, à lui promettre son appui, quand le pas de madame Sergent se fait entendre dans l'escalier. Aussitôt la chambrière baisse les yeux, ses traits reprennent l'impassibilité qui convient à son état ; Flaubert s'empare d'un livre. Les pas s'éloignent le long du couloir. Unis par cet instant de complicité clandestine, Flaubert et la jeune femme échangent un regard plus appuyé qu'à l'ordinaire. La lumière du soleil, perçant les nuages, tombe sur le tablier de mademoiselle Charlotte ; entre ses mains, le pichet de faïence a la blancheur du lait frais.

*

Sans qu'il en eût formé le projet, ses pas l'ont conduit parmi les morts. Le bord de mer était trop venté : il a erré dans les rues de Concarneau jusqu'au cimetière, de construction récente, qui marque au nord la lisière de la ville.

Déambulant entre les tombes au bord desquelles les pieuses mains des survivants ont déposé, symboles d'une résurrection espérée, des coquilles Saint-Jacques, il a traversé le cimetière dans toute sa largeur. Devant lui se trouve à présent un mur d'enceinte couvert de lierre; de l'autre côté s'élèvent des chênes au feuillage jaunissant. Quelques feuilles, poussées par le vent, couvrent les sépultures.

Il s'adosse au mur d'enceinte. Le ciel est gris. Une pie jacasse dans un arbre. Les pierres alignées dans le cimetière ont l'air d'avoir été là depuis toujours. Il regrette, en de tels moments, de ne plus fumer la pipe.

Assis dans l'herbe grasse, il jouit de ne penser à rien, quand un soupir étouffé parvient à ses oreilles. La première fois, il se dit que cela pourrait être un animal; quelques instants plus tard, le doute n'est plus permis : ces sons-là naissent dans la gorge des femmes. Il se relève. Autour de lui, personne. Alors, en se hissant sur la pointe des pieds, il essaie de jeter un coup d'œil de l'autre côté du mur. C'est de là, assurément, que vient le bruit; il distingue à présent, se mêlant aux soupirs qui l'ont alerté, un halètement rauque et régulier. Mais il ne peut rien voir, n'étant pas assez haut pour orienter ses regards en contrebas du mur; et c'est voir qu'il désire, voir ce dont l'œil jamais ne pourra se lasser, dans l'espoir toujours déçu mais toujours renaissant de surprendre, en d'autres corps et sur d'autres visages, l'inconcevable vérité de son visage et de sa chair.

Il avise alors, à faible distance du mur d'enceinte, une grosse croix de pierre ; en se dressant sur ses branches, il pourrait découvrir ce qui se passe de l'autre côté. Idée déraisonnable et sacrilège, il le sait, mais l'emportement de son désir, attisé par les râles plus bruyants qui s'élèvent maintenant derrière le mur, balaie toute prudence. Il se précipite vers la croix, et, après s'être assuré que le cimetière était toujours désert, il entreprend d'y grimper ; une sorte d'agilité fébrile, comme on en éprouve parfois dans les rêves, anime ses mouvements. Juché sur les branches de la croix, il porte enfin son regard au-delà du mur ; mais il n'aperçoit, d'où il se trouve, qu'un entrelacement de pieds non déchaussés sur un lit de feuilles mortes. Son regard s'accoutumant au peu qu'il voit, il distingue le lacet d'une bottine, le plat d'une semelle ; la forme d'un tibia se dessine sous l'étoffe d'un pantalon ; et dessous, dans un amas d'étoffes noires et blanches, il devine l'arrondi d'un mollet. Ces membres inférieurs sont parfaitement inertes. Les soupirs et les râles ont cessé. La bouche ouverte, les oreilles aux aguets, il attend. On n'entend rien que le crépitement léger, espacé, des glands tombant au pied des chênes, et le bruissement des feuilles mortes poussées par le vent.

Une goutte de pluie s'écrase sur le dos de sa main, puis une autre. Les deux corps étendus, se dégageant de leur étreinte, commencent à se relever. Flaubert descend précipitamment de son observatoire, puis, comme s'il voulait se donner une contenance et se signifier à lui-même, après ce moment d'égarement, son retour au sérieux, il adopte, devant la sépulture qu'il vient de profaner, une attitude recueillie.

Un passant qui serait alors entré dans le cimetière pour fleurir la tombe d'un proche aurait vu se dessiner, sur le visage de cet inconnu aux airs de vieux boucher, la perplexité la plus songeuse, car la pierre devant laquelle il se tient, indifférent à la pluie, au froid, au soir qui commence à tomber, cette pierre le regarde autant qu'il la contemple : elle porte le nom d'Octave Faubert, né et mort à Concarneau, 1793-1846.

*

De retour à l'auberge, il demande qu'on lui prépare de l'eau chaude et se glisse dans le tub, où il reste si longtemps que la pulpe de ses doigts, quand il sort, est toute fripée.

Avant de descendre dîner, il relit le plan dont il a terminé l'ébauche. Secoue la tête. Repose les feuilles sur le bureau. Ce projet ne le convainc pas ; il ferait mieux d'y renoncer.

C'est ce qu'il annonce à sa nièce, dans la lettre qu'il se met alors à lui écrire. Qu'elle ne se fatigue donc pas à essayer de comprendre l'histoire de saint Julien, il ne l'écrira pas, c'était une mauvaise idée. Le séjour à Concarneau non plus n'était pas une bonne idée : il aurait mieux fait de rester chez lui, enfin chez elle, à Croisset. Ici, l'air empeste la sardine, et en l'absence de Pouchet sa force est brisée. Il passe ses journées à lire les journaux et à écouter les gens proférer des bêtises. La mer est froide. Il s'empiffre sans joie. Il rôde dans les cimetières. Même les chiens se détournent de lui. Il a gâché sa vie. Il aurait dû avoir des enfants. Il n'a plus qu'à crever.

Puis il signe, ta vieille nounou décrépite, cette lettre dont il sait qu'il ne l'enverra jamais, et il la déchire en petits morceaux qu'il jette dans la corbeille à papier.

*

Le lendemain matin, à son réveil, mademoiselle Charlotte lui apporte le télégramme qu'il n'attendait plus : LIQUIDATION SIGNÉE. FAILLITE DÉFINITIVEMENT ÉVITÉE. VOUS SERRE LA MAIN. COMMANVILLE.

Flaubert détourne la tête, relit le télégramme, écarte les doigts ; le petit rectangle de papier bleu flotte doucement jusqu'au sol.

Une bonne nouvelle ne venant jamais seule, le petit ange lui apprend que monsieur Pouchet est passé tantôt à l'auberge : il voulait que l'on prévienne Monsieur de son retour.

Dès qu'il a fini de s'habiller, Flaubert court à la station marine.

9

Désireux de rattraper le temps perdu à Paris dans les tâches administratives, les visites de courtoisie et les assemblées savantes, Pouchet travaille avec acharnement. Son accueil, quoique joyeux, est celui d'un homme pressé : Flaubert décide qu'il lui parlera plus tard du télégramme qu'il vient de recevoir. Déjà Pouchet l'entraîne vers la salle de dissection.

Il a repris ses recherches sur les raies, dont le système reproducteur excite sa curiosité. Tout en énumérant à haute voix, pour l'instruction de son compagnon, les organes encore palpitants qu'il met au jour sous l'abdomen du poisson se mourant sur la table – le sinus urogénital, les oviductes, les glandes nidamentaires, un ovaire sous la membrane transparente duquel on voit rouler de gros ovules orange –, il prend des mesures, calcule le calendrier des gestations, et note dans un carnet le fruit de ses spéculations.

Juge-t-il l'attention de Flaubert insuffisante ? Éprouve-t-il, pour panser les blessures d'amour-propre inséparables d'un séjour à Paris, le besoin d'affirmer la grandeur de sa tâche ? Toujours est-il que, refermant son carnet, il déclare que c'est ici, sur cette même table, en examinant la queue d'une raie semblable à celle-ci, que monsieur Robin a fait, il y a quelques années, la découverte qui devait lui ouvrir les portes de l'Académie des sciences. C'est ici, poursuit-il, que monsieur Gerbe a établi que les petits animaux plats rapportés des mers lointaines, dont quelques zoologistes imprudents avaient cru pouvoir faire un ordre spécial parmi les crustacés, étaient en vérité des larves de langouste. C'est ici que son collègue du Muséum, monsieur Moreau, vient de mener de pénétrantes recherches sur la fonction hydrostatique de la vessie natatoire des poissons. Enfin c'est ici que sont conduits, sous sa direction à lui, Pouchet, des travaux qu'il espère décisifs sur les tissus nerveux.

Il s'apprête d'ailleurs à étudier la conformation d'un mollusque qu'il part prélever dans le vivier. Il en rapporte, dans une cuvette remplie d'eau salée, une sorte de limace bombée, de la longueur à peu près d'un mollet, de couleur grise, dont la tête, surmontée de deux courts tentacules, ressemble à celle de l'escargot, tandis que le dos se compose de deux lobes rabattus l'un sur l'autre, comme les deux pans d'un manteau. Vu en surplomb, l'ensemble évoque un sexe de femme dont les lèvres auraient été cousues à la va-vite par un maniaque.

Cette chose porte un nom : c'est une aplysie, communément appelée lièvre de mer.

Pouchet demande à Flaubert de poser la main dessus. « Vous ne craignez rien », ajoute-t-il en devinant la réticence de l'écrivain.

Au contact de sa paume, le mollusque aussitôt se contracte ; ses tentacules frontaux se rétractent ; son corps oblong n'est plus qu'une boule grosse comme le poing. Sa consistance aussi change subitement : un suintement blanchâtre et glaireux recouvre toute sa chair. Flaubert retire la main en grimaçant de dégoût ; elle est collante et dégage une odeur infecte.

« Sentez-vous vos poils tomber ? Vos entrailles se déchirer ? La vie vous quitter ? » demande Pouchet dans un sourire. Tels étaient les effets que les auteurs antiques attribuaient aux sécrétions de l'aplysie, réputées venimeuses mais en vérité parfaitement inoffensives.

C'est justement la fonction de cette substance visqueuse qu'il aimerait mieux connaître. « Il semble, continue-t-il en incisant l'animal, qu'elle jaillisse d'une glande située près de l'orifice de la vulve – les aplysies étant hermaphrodites, toutes ont une vulve ainsi qu'un pénis, d'un fort joli jaune au demeurant, comme on peut le constater. » Flaubert opine : un fort joli jaune, en effet, tandis que le bistouri de Pouchet, déchirant les chairs du mollusque, met à nu les ganglions nerveux les plus proches.

Le regard de Flaubert se porte sur la tête de l'aplysie : à l'extrémité des tentacules frontaux, un mouvement lent, pareil au balancement d'une algue dans les profondeurs marines, semble indiquer que l'animal n'a pas cessé de vivre.

*

Après un déjeuner rapide, au cours duquel Flaubert l'a informé de l'honorable issue de ses mésaventures financières, Pouchet regagne son laboratoire : le temps, très incertain, ne permet pas d'envisager une promenade, et il souhaite rattraper le retard qu'il a pris dans son travail. Heureux homme, songe Flaubert en suivant des yeux, le long du quai, sa silhouette élancée ; heureux celui qui accorde à son travail suffisamment de consistance, de réalité objective, pour pouvoir se blâmer d'être en retard. En comparaison, la littérature est une bien fuyante occupation : projets avortés, sables mouvants, irréalité perpétuelle – devant une horloge sans aiguilles, qui peut se dire en retard, qui sait s'il est à l'heure ? Qu'on ne s'étonne pas si ceux qui s'y adonnent finissent dans des maisons de fous ou errent dans les cimetières à la tombée du jour, pareils à des fantômes.

*

Il consacrera son après-midi et la journée du lendemain à sa correspondance. Depuis plusieurs semaines, il vivait pour ainsi dire caché, n'écrivant qu'à sa nièce ; mais la faillite évitée, l'honneur familial sauvé lui permettent et même lui imposent de se manifester à ceux qui lui sont chers. Alors, sur le papier bleu vergé qu'il affectionne, il écrit des lettres bien tournées : à sa nièce bien sûr, pour lui demander des détails sur l'arrangement obtenu ; à quelques familiers ; aux importants, Tourgueniev, George Sand, la princesse Mathilde.

À mesure qu'il annonce aux uns et aux autres l'heureuse nouvelle, sa joie va en s'amenuisant : le soulagement d'avoir échappé au pire ne peut longtemps se confondre avec la tranquillité de l'âme. Sa situation reste désastreuse. À moins de trouver une place ou d'avoir le succès d'Hector Malot, il dépendra pour le restant de ses jours des subsides que consentira à lui verser un négociant ruiné. Il devra rendre compte de ses dépenses et justifier ses moindres demandes, lorsqu'il voudra changer la cretonne de ses rideaux par exemple, ou commander davantage de cidre, ou se procurer de nouvelles pantoufles. Le gros nuage noir qui obnubilait depuis six mois son esprit s'est enfin levé ; mais il dévoile en se dissipant un paysage dévasté.

Entre deux lettres, il s'avise qu'il n'entend plus tousser dans la chambre d'à côté.

*

C'est au vivier à ciel ouvert, le lendemain matin, qu'il trouve Pouchet, accroupi devant les turbots. Sans se relever pour l'accueillir, le savant lui demande combien de poissons il dénombre dans le bassin. Flaubert en compte quatre. Alors, puisant dans un bocal, Pouchet jette à la surface de l'eau une poignée de sardines séchées : ce sont soudain douze à quinze turbots qui s'élèvent du fond avec lequel se confondait leur peau. L'ondulation de leur nageoire soulève des tourbillons de sable, et leurs mâchoires, dans le silence de l'eau, s'ouvrent et se ferment avec voracité.

« Observez, indique Pouchet tandis que les turbots repus retournent au fond du bassin, qu'ils changent de couleur en passant d'une zone à l'autre : là où le fond est couvert de roches ou d'algues marines, leur peau s'assombrit ; en revanche, sur un fond sablonneux, ils prennent une teinte gris clair, mouchetée, qui les rend invisibles. »

« La question, poursuit-il, est de savoir par quelle voie le cerveau agit sur la pigmentation. Or figurez-vous que c'est une fonction du système nerveux, ce qu'on ignorait jusqu'à présent : voyez plutôt. »

Et le naturaliste, à l'aide d'un haveneau, extrait du bassin un turbot à la peau brunâtre. Il demande à Flaubert de maintenir le poisson immobile sur la pierre, en posant les mains bien à plat le long de la ligne latérale.

Flaubert sent sous ses paumes quelque chose de froid et de rugueux, qui tressaille.

Alors Pouchet sort de sa poche un scalpel. Il n'en a que pour un instant, dit-il, la distribution des nerfs étant, chez ces poissons pleuronectes, des plus élémentaires : inutile de se rendre en salle de dissection pour une simple section du nerf optique. Flaubert l'écoute, les yeux plissés, ébloui par la lame qui fulgure au soleil.

Le scalpel incise la chair ; un spasme écarte les mâchoires du turbot ; et ses yeux asymétriques et protubérants de poisson plat fixent on ne sait quel point dans le ciel.

Pouchet relâche le poisson dans l'eau : même sur un fond de sable clair, il conserve sa couleur sombre ; il n'en changera plus, désormais ; ce don-là lui a été retiré. Et tandis que Pouchet émet des hypothèses sur les variations de la pigmentation parmi les humains, le phénomène du rougissement et le cas particulier des albinos, Flaubert suit du regard le monstre qu'ils viennent de créer.

*

De nouveau, Pouchet l'emmène en salle de dissection ; de nouveau, mollusques et poissons défilent sous son scalpel tandis qu'il désigne à la curiosité de son hôte, parmi ces chairs où s'évanouit la vie, les organes et tissus d'une leçon d'anatomie sans fin et, semble-t-il, sans autre but que sa perpétuation patiente et minutieuse.

Lui est convaincu d'œuvrer pour la connaissance de la vie ; connaissance que ni la métaphysique, ni la religion, ni l'art ne permettent d'étendre ou même d'approcher, et qui devrait pourtant être l'unique visée de l'esprit.

Flaubert n'est pas loin de partager ces vues : il connaît trop la fatigue et les contradictions de l'artiste qui doute de l'art, de l'esprit cédant malgré lui aux séductions confuses de la métaphysique, de l'incroyant qui se grise du parfum des religions desséchées comme une épouse déçue va sentir, au fond d'une armoire, les fleurs fanées de son bouquet de mariée.

Il sait, depuis qu'il est en âge de penser, que la science est le plus parfait accomplissement de l'esprit, que les savants sont les seuls héros dont l'humanité puisse légitimement s'enorgueillir, et qu'il n'y a pas de plus noble ambition que de vouloir contribuer, par un travail rigoureux, méthodique et souvent ingrat, au développement de la connaissance. Il le sait parce que son médecin de père le lui a dit et le lui a prouvé par son exemple ; il sait que la lucidité, le calme, l'impersonnalité, la recherche de la vérité sont l'apanage du savant, et qu'il a, lui, voué sa vie à des occupations puériles, à des amusements indignes et subalternes, à une parodie de la grandeur scientifique. Ses solennelles proclamations sur l'impersonnalité du style, l'impassibilité des chefs-d'œuvre et la vérité de l'art ? Parodie, poudre aux yeux, rien de plus. Il sait qu'il ne sera jamais qu'un gros enfant qui mange, dort, chie et trompe l'ennui comme il peut – un enfant auquel parfois un esprit éclairé montrera, par complaisance ou cruauté, sur une table de dissection, la nature telle qu'elle est, la matière mise à nu, les phénomènes de la vie et de la mort.

Tout cela, il le sait ; il a appris à vivre avec la conscience de son insuffisance essentielle, sous le joug de ce verdict porté sur lui-même, dans l'alternance épuisante du consentement et de la révolte, de la résignation et de la rage.

Or justement, ce qu'il sent poindre en lui, ce matin-là, dans la station marine, c'est l'obscure résistance de sa volonté, l'éveil de sa force engourdie, le vieux désir de secouer le joug – peut-être parce que Pouchet, le bras levé comme un aruspice étrusque, s'apprête à disséquer sous ses yeux le homard dont ils avaient suivi ensemble le laborieux élan vers une vie plus puissante, et qui n'a pas survécu à sa mue.

*

Ces impulsions n'atteignent pas le plein jour de la conscience : l'irritation vague et sans objet qu'il éprouve en regagnant sa chambre après le déjeuner, Flaubert l'impute à une digestion difficile. Le tourteau dont il s'est gavé à la table de madame Sergent ne passe pas, voilà ce qu'il se dit.

Après un court sommeil, le voici au bureau où il finit de rédiger ses lettres. Elles partiront toutes le lendemain matin. En serrant dans un tiroir les feuilles de papier inutilisées, il aperçoit la fine liasse du plan de *Saint Julien* – trois pages, en tout et pour tout. Il relit la phrase, ou plutôt l'esquisse de phrase, par où tout commence.

Jamais il n'y eut meilleurs parents – ni d'enfant mieux élevé que le petit Julien.

L'idée est claire, mais la syntaxe devra gagner en netteté : en l'état, trop rapide, un peu hardie, elle enveloppe dans la personne du « petit Julien » le fils parricide et ses parents aimants. Il y a là une confusion possible, une imprécision à corriger.

Semblable à celui du Bouddha qui ornait son appartement de la rue Murillo, un sourire s'épanouit sur sa face. Il comprend que l'aventure de sa rêverie, en ce premier dimanche d'octobre, touche à son terme, de manière aussi inexplicable qu'elle avait débuté. Ce qui s'apprête à commencer, c'est la cérémonie du style.

Il sort la liasse du tiroir, s'empare d'une des feuilles de papier bleu qu'il s'apprêtait à ranger, trempe une plume d'oie dans l'encrier, et reprend :

Jamais il n'y eut d'enfant plus joli que le petit Julien ni de meilleurs parents que son père et sa mère.

La chose, ainsi, est plus clairement posée. Tout à la joie d'exercer sa puissance, il continue :

Ils habitaient un château au milieu des bois, sur la pente d'une colline terminant une large vallée.

Le combat est perdu d'avance et la littérature une erreur ? N'importe : il luttera. Quelque chose d'âpre et de résolu gagne son humeur. Lui aussi, il sait voir la vie. Et ce château qu'il voit sur la pente d'une colline, ces parents aimants, leur fils chéri qu'il voit naître, sa solitude d'enfant trop couvé, son désir d'affranchissement, la froideur qui en est le prix, la cruauté qui en est l'envers, tout cela qu'il voit, les chasses, les massacres, les meurtres, jusqu'à l'étreinte finale avec le Verbe fait chair, ce grand acharnement du désir, de l'abjection, de l'accablement et de la volupté, aucun microscope, aucune table de dissection ne sauront le révéler. Ce qu'il sait, ni les organes reproducteurs de la raie, ni le système nerveux du turbot, ni les chairs suppliciées d'une aplysie ne le montreront jamais, car seul l'art en détient le secret, avec ses phrases gorgées de sang, rythmées comme les battements d'un cœur, où la vie palpite dans la violence de ses contradictions et le mystère de ses métamorphoses.

Voilà une heure que le soleil a cessé d'éclairer sa chambre. Le bougeoir de laiton ne soutient plus qu'un moignon de chandelle. Flaubert sonne et demande à mademoiselle Charlotte d'en apporter une autre ; quand le petit ange revient, une bougie blanche à la main, la pièce baigne dans un demi-jour bleuté qui estompe les contours du large corps immobile, assis comme la statue d'un dieu au fond d'un temple.

10

Décidément Concarneau n'est pas l'Égypte, se dit Flaubert en entendant la pluie fouetter les vitres de sa chambre. On est entré dans la dernière semaine d'octobre ; il pleut depuis quinze jours ; la veille, il a fallu renoncer à un projet de promenade en mer, tant la pluie tombait dru. Il ne quitte plus l'auberge, sauf pour se rendre à l'Aquarium, le matin, où il assiste aux dissections comme d'autres vont à la messe. Lorsqu'il sent poindre l'ennui durant ces leçons d'anatomie, il se répète le conseil que vient de lui dispenser George Sand dans une lettre pleine de bonté : « Apprends la vie, du mollusque ! ce sont des êtres mieux doués qu'on ne pense... »

Elle lui recommande aussi de rester à la mer le plus longtemps possible. Lui n'y verrait pas d'objection, mais Pouchet vient de fixer la date de son retour définitif à Paris ; ce sera le 1er novembre ; il quittera Concarneau en même temps que les bancs de sardines s'éloigneront des côtes bretonnes, et Flaubert rentrera avec lui. La perspective de demeurer seul ici l'effraie. Il se souvient des quelques jours qu'il a passés sans son ami, fin septembre, de son hébétude, de ses errances, des mornes rêveries qui l'accablaient alors.

Depuis, comme les choses ont changé ! Les moments de prostration sont moins fréquents ; son esprit ne bat plus la campagne. S'il n'est pas le maître de sa vie, au moins connaît-il, dans la solitude de l'atelier, une forme de maîtrise. En trois semaines, il a pu écrire six ou sept pages de son petit conte. Il est venu à bout de la description du château. Il a dépeint les parents de Julien et les réjouissances qui marquent la naissance de leur enfant. Il a relaté les deux prédictions : celle que fait à l'accouchée un vieil ermite, et les paroles inspirées que bégaye à l'oreille du bon seigneur un mystérieux bohémien. L'orgueil des parents, leur pudeur, l'éducation qu'ils font donner à leur fils, le bambin rose et joufflu gazouillant comme un oiseau aux pieds de sa mère, tout cela, il a su l'évoquer en touches rapides et expressives. Il a montré l'excitation du petit Julien quand des hôtes de passage narrent leurs exploits guerriers, et la piété dont il fait preuve à l'église. Il vient de raconter comment, d'un coup de bâton, le garçonnet abrège la vie d'une souris blanche qui distrayait son attention lors de la messe.

Sans aucun doute, la compagnie de Pouchet lui aura été profitable ; si cela ne tenait qu'à lui, il prolongerait leur séjour jusqu'en décembre. Il se console en se promettant de consulter, à Paris, le *Livre de chasse* de Gaston Phébus, la *Fauconnerie* de Francières, le *Livre du Roy Modus* et autres savants traités dont il croit avoir besoin pour la suite de son ouvrage.

Avant de se remettre au travail, il parcourt un conte de Voltaire, étant depuis longtemps convaincu que rien n'égale, pour qui cherche à cultiver son talent, la fréquentation des maîtres. Puis il s'installe au bureau et relit les lignes qu'il vient de consacrer au meurtre de la souris blanche. La goutte de sang sur le dallage de l'église, annonciatrice de la flaque rouge du parricide ; la manière dont s'entrelacent, dans la conscience de Julien, la dévotion, le plaisir de tuer et le remords d'avoir commis un sacrilège ; le petit corps inerte jeté à l'égout – tout est à sa place, chacun de ces éléments reflète la lumière dont brillera l'ensemble de la légende.

Il saisit, parmi les feuilles entassées à sa gauche, celle qui se présente en premier. Couverte de signes d'écriture, barrée diagonalement d'un trait de plume, elle a servi de brouillon à un passage antérieur. Il la retourne ; le verso de la page est vierge ; c'est là-dessus qu'il esquissera la scène du pigeon.

*

Sept mots suffisent à la résumer dans le plan d'ensemble : *pigeon fronde cela lui enfle le cœur*.

Il s'agit, à ce stade du récit, de montrer que le meurtre de la souris n'était pas un accident, que Julien a le goût de tuer et que son désir a la couleur du sang. À la recherche de nouvelles victimes, l'enfant s'amuse d'abord, avec une sarbacane de fortune, à abattre des oisillons dans un arbre ; mais bientôt l'ennui le gagne, il aspire à des plaisirs plus vifs. C'est alors que, passant sur la courtine, il aperçoit un gros pigeon blanc qui se rengorge au soleil, sur la crête d'un rempart – image d'une quiétude et d'une douceur de vivre que ne connaît plus le petit criminel. Un éclat de pierre se rencontre sous sa main. Julien le saisit, le lance ; comme un trait d'arbalète, le projectile atteint l'oiseau qui tombe dans le fossé. Alors Julien, au risque de se tuer, dévale parmi les rochers et les ronces, avec la rapidité d'un chien.

Voici ce que note Flaubert, cherchant à concevoir la suite : *le trouve dans les broussailles qui se débattait suspendu.*

Il importe que le pigeon vive encore : cet animal-là ne sera pas abattu d'un coup de bâton, d'une volée de pois secs ou d'un jet de pierre; son meurtre devra s'accomplir à mains nues. C'est cela qu'à son insu l'enfant désirait : le contact avec sa proie dans l'instant de la mort.

Flaubert passe à la ligne et écrit : *l'achève en l'étranglant.*

Or Julien pourrait aussi bien épargner l'oiseau, ou même lui venir en aide, puisqu'il ignore à ce moment son intention; la cruauté n'est pas encore, pour lui, une ombre familière. Il faut donc que son acte soit déterminé par une impulsion plus explicite. Flaubert essaie de voir avec les yeux du jeune garçon le pigeon blessé, pris dans les branchages et tentant de se dégager; il imagine le battement de ses ailes entravées, ses mouvements spasmodiques, le sang qui rougit son plumage blanc. Le spectacle de cette faiblesse contrarie l'enfant; elle lui semble obscène, répugnante; il redoute qu'elle ne souille, en quelque façon, sa propre personne. La vie du pigeon lui est une offense. Flaubert ajoute, à gauche, dans la marge : *Cette persistance de vie l'irrita.*

Puis, relisant sa première notation – *l'achève en l'étranglant* – il la rature et la remplace par : *pr en finir se mit à l'étrangler.* L'intention meurtrière, de cette manière, est plus nettement soulignée; la formulation permet aussi d'inscrire l'étranglement dans une durée. Julien sentira peu à peu la vie du pigeon s'évanouir entre ses doigts; il en éprouvera… quoi au juste? De la satisfaction, du soulagement, du plaisir? Davantage encore : *Volupté de sentir dans la main sa convulsion. Il est sur le point d'en défaillir. Son cœur bat à mesure -*

Sitôt écrit le mot *volupté*, il le rature : trop abstrait. Cela pourra constituer l'aboutissement de sa phrase, mais non son amorce : mieux vaut partir de la sensation immédiate, la convulsion de l'oiseau dans sa main, le cœur de l'enfant qui bat plus vite à mesure que le cœur de sa proie cesse de battre. Flaubert se dit qu'il y a là, dans l'entrecroisement de ces palpitations, l'une croissante, l'autre décroissante, un phénomène à décrire. Ensuite, et seulement ensuite, il nommera l'émotion ressentie par l'enfant : *joie*, plutôt que *volupté*. Ce dernier terme est trop fort, trop direct; il suffira de suggérer la défaillance, l'émoi de l'enfant serrant le pigeon blanc dans son poing. Le lecteur comprendra.

Cependant, juste au-dessus du mot *joie*, Flaubert ne peut s'empêcher d'inscrire, de nouveau, *volupté* : et lui-même, en transgressant la censure qu'il vient de s'imposer, éprouve un contentement voluptueux.

Levant les yeux vers la fenêtre, il regarde les fortifications de la Ville-Close et le battement de la pluie sur l'eau du bassin. La marée est haute, les pêcheurs sont en train de faire voile vers le port; mais le mauvais temps empêche de distinguer les premières chaloupes qui reviennent de la mer poissonneuse.

Vêtues de noir, des femmes passent le long du quai, serrées les unes contre les autres, la tête courbée sous la pluie : tout à l'heure, lorsque la pêche du jour aura été vendue, ce sont elles qui, dans la puanteur de l'atelier, manieront les sardines.

*

Quelques jours plus tôt, Pouchet l'avait entraîné dans une rue au bout de laquelle s'étendait une bâtisse à cheminées de brique. Flaubert avait dû, avant de le suivre à l'intérieur, se couvrir le nez d'un mouchoir, tant l'odeur était rance. « Les sardinières ! » avait crié son guide dans un vacarme de voix, de chants et de ferblanterie.

Elles étaient là, en effet, vêtues à l'identique d'une robe de grosse toile noire à tablier blanc, les cheveux couverts d'une coiffe de tulle, chaussées de sabots, penchées sur leur tâche.

Il y avait celles qui, en deux coups de couteau, devaient étêter puis éviscérer chacune des sardines entassées devant elles ; celles qui les lavaient et les mettaient à sécher sur des claies de fil de fer ; celles qui plongeaient ces claies dans l'huile bouillante, les en retiraient, et les portaient sur la longue table où siégeaient celles dont les mains, inlassablement, emplissaient de sardines les petites boîtes en fer-blanc, qui seraient une dernière fois arrosées d'huile froide avant d'être serties et stérilisées, dans une aile séparée, par des hommes.

Et cette besogne s'accomplissait dans l'odeur des viscères évidés et de l'huile qui a trop longtemps bouilli, sous la surveillance de contremaîtresses à la mine sévère, au son des chants qui, comme une houle puissante, parcouraient les rangs des ouvrières. De hautes fenêtres faisaient entrer dans l'atelier la lumière du couchant ; là où tombaient ses rayons, les poissons morts jetaient des fulgurations bleutées.

Les deux hommes s'étaient retirés sans un mot.

*

Depuis, Flaubert se plaît à songer qu'il tourne ses phrases en même temps que les sardinières, à quelques pas de là, étêtent, lavent, ébouillantent et emboîtent les poissons bleus que l'océan a jetés sur leur établi.

Malgré toutes les choses qui le séparent de ces ouvrières de la mer, c'est un sentiment de proximité qu'il éprouve. L'activité de ces femmes n'est pas si différente de la sienne : de même que la sardinière ressuscite les poissons morts dans la vie éternelle de la conserverie, le travail de la phrase ne consiste-t-il pas à figer les idées dans l'éternité du style ?

*

Il a recopié, au verso d'une autre page, les bribes dont il doit désormais faire des phrases :

L'oiseau était suspendu sur une ronce. Cette persistance de vie l'irrita. Pr en finir se mit à l'étrangler, et les frémissements de l'oiseau faisaient battre son cœur… Et il sentait une volupté… sur le point de défaillir.

Le commencement ne va pas : *suspendu sur une ronce* offre à l'imagination un spectacle bizarre, disproportionné, presque comique. Il reprend : *Le pigeon, les deux pattes cassées, palpitait suspendu entre les branches d'un troène.* Puis, à la relecture, il décide de remplacer *pattes* par *ailes* : l'effet sera plus pathétique. Il substitue également au *troène* un *épicéa* : plus doux à l'oreille, plus traînant, ce vocable sonnera mieux en fin de phrase.

Cette persistance de vie l'irrita : la tournure, trop abstraite, évoque une mauvaise traduction de l'allemand. *La persistance de sa vie l'irrita* : mieux, mais il faut clarifier les antécédents. *La persistance de sa vie indigna l'enfant* : voilà qui est plus net et plus rythmé.

Pour en finir se révèle superflu : il rature. *Il se mit à l'étrangler, et les frémissements de l'oiseau qu'il serrait faisaient battre son cœur*; à ce point, plutôt que de marquer une pause et de relancer son propos, comme il en avait d'abord l'intention, par *Et il sentait,* Flaubert décide de souligner le débordement intérieur de son personnage, l'excès de volupté qui le submerge, par une amplification de sa phrase, ce qui se manifeste, sur la page, par une prolifération d'adjonctions : *Il se mit à l'étrangler, et les frémissements de l'oiseau qu'il serrait faisaient battre son cœur et l'emplissaient d'une volupté sauvage tellement forte et tumultueuse qu'à la dernière convulsion il se sentit défaillir.*

Relisant cet embryon de phrase, Flaubert en juge la longueur excessive. Son travail ne fait que commencer.

*

Au-dehors, la pluie redouble d'intensité. Relâchant momentanément son attention, Flaubert s'avise que la chambre est gagnée par le froid, l'humidité, l'obscurité naissante : il sonne. Mademoiselle Charlotte apporte des bougies, ravive le feu dans la cheminée, propose de lui servir un grog.

Le temps où ce gros monsieur intimidait la jeune chambrière est loin : elle le tient, à présent, pour le plus doux des hommes. Comme il connaît ses aspirations, il a eu la bonté de lui parler un peu de Paris, complétant par petites touches le tableau qu'elle se fait de cette ville où, la nuit, à la lumière des becs de gaz, les élégantes se font conduire en fiacre à l'Opéra, les épaules couvertes d'une pèlerine de taffetas sur laquelle retombent les anglaises de leur chevelure artistement tressée.

Mais voilà quelques jours qu'il ne lui parle plus guère ; à vrai dire, il semble à peine remarquer sa présence. Sa condition ne lui permet ni de s'en étonner, ni de s'en affliger. Elle se retire de la chambre sans faire de bruit, le laissant à ses pensées. Au moment de refermer la porte, elle croise son œil bleu et vacant.

*

Une pendule sonne sept heures. Les ténèbres de l'automne enveloppent la ville. Pouchet doit l'attendre en bas, dans la salle à manger. Avant de le rejoindre, Flaubert relit le fruit de son travail :

Le pigeon, les ailes cassées, palpitait dans les branches d'un troène. La persistance de sa vie irrita l'enfant. Il se mit à l'étrangler – et les frémissements de l'oiseau qu'il serrait faisaient battre son cœur et l'emplissaient d'une volupté sauvage et tumultueuse. À la dernière convulsion, il se sentit défaillir.

S'étant rappelé que l'épicéa poussait dans les régions montagneuses, il a opté pour le troène.

Il a rétabli, dans la deuxième phrase, le verbe *irrita*, auquel il avait un temps préféré *indigna* : mais l'indignation, à la réflexion, lui paraît un sentiment trop moral. L'irritation définit mieux la réaction organique de Julien face à ce gros pigeon qui tarde à mourir.

La coupe des phrases, à présent, lui convient ; ce rythme haché, segmenté comme les pièces d'un vitrail, s'impose peu à peu à sa main ; les éléments de son récit s'enchaîneront ainsi, dans la transparence mystérieuse de la légende.

Il n'est pas entièrement satisfait cependant : mais il y a un temps pour écrire, et un temps pour dîner.

*

Entre autres mets, madame Sergent leur sert ce soir-là une cassolette de harengs – les premiers de l'année, fait-elle savoir.

Tout en s'empiffrant, Flaubert parle à Pouchet du marquis de Sade. Depuis quelques jours, il a entrepris d'émuler, par des conférences de son cru, les leçons d'anatomie que lui dispense quotidiennement son compagnon.

Cela a commencé par la lecture d'un entrefilet dans *Le Phare de la Loire*, rapportant la condamnation aux travaux forcés d'un Brestois coupable d'avoir violé, le même jour, ses trois filles et son fils âgé de seize ans. Voilà le genre d'événement qui met Flaubert en joie. Quelle vigueur, quelle outrance dans l'abus ! Les trois filles, plus le fils de seize ans ! Ah ! Quel tempérament ! Seul un authentique barbare, un vrai sauvage, comme en recèle encore sur ses bords la primitive Armorique, est capable d'un tel exploit !

Mais Pouchet avait cru devoir exprimer, contre ces actes infâmes, la réprobation la plus vive ; et même il avait laissé entendre que de telles manifestations d'allégresse lui semblaient incongrues.

« On voit bien que vous ne connaissez pas de Sade », avait répondu Flaubert.

Depuis, tel un latiniste chevronné expliquant à un collégien le système des déclinaisons, il initie Pouchet à l'œuvre de celui qu'il surnomme affectueusement *le Vieux*. Peu d'auteurs lui sont plus familiers ; aucun ne l'a tant amusé. Avec une visible délectation, il raconte à Pouchet les malheurs de Justine et les crimes de Juliette ; il dépeint, avec un luxe de détails, l'inflexible Cœur-de-Fer, Bressac ou *l'homme au dernier degré de la corruption réfléchie*, l'atroce Rodin qui n'exerce la chirurgie que par goût, Saint-Fond l'apologiste du parricide, et Bandole, son personnage favori, solitaire, reclus dans son château, engrossant de jeunes vierges pour se donner ensuite le plaisir de noyer sa progéniture, ne se nourrissant que de légumes afin de conserver sa vigueur, et *se divertissant infiniment à épiler une motte avec ses dents.*

« N'est-ce pas grandiose, hein ? D'un raide ! Et d'un comique ! »

Le trouble qu'il croit déceler chez Pouchet excite sa verve. Il lui plaît de faire entrevoir à cet esprit calme et froid des voluptés dont il a choisi d'ignorer l'existence ; il lui est singulièrement doux de révéler au dissecteur de raies l'envers de sa contemplation dépassionnée.

S'échauffant à mesure qu'il parle, encore plus rouge qu'à l'ordinaire, lâchant la bride aux suggestions les plus lancinantes de son esprit, il en vient à exposer la nécessité de la cruauté dans l'art. Car l'art véritable doit embrasser tout l'homme, non pas seulement l'homme social et sentimental, mais l'homme organique – sinon ce n'est pas de l'art mais un trompe-l'œil, un décor en carton-pâte, un mensonge idéaliste bon pour émouvoir les socialistes, les femmes sensibles, les catholiques et les bourgeois (c'est-à-dire à peu près tout le monde, hormis les rares esprits dont le jugement seul importe). Or, rien n'est plus organique en l'homme que le crime, puisque le crime est par définition antisocial. Quiconque aspire à saisir dans son art la vie elle-même et non sa contrefaçon, quiconque veut montrer la nature à l'œuvre dans l'homme et non l'image que l'humanité aime à contempler d'elle-même avec une tendresse émue, doit donc nécessairement représenter le vice et le crime. C'est pour cela, conclut-il, que Sade est un profond poète, autrement plus profond que Lamartine, et que tout poète se doit en quelque façon d'être sadique.

Pouchet se garde bien de s'engager dans une discussion sur l'art ; il laisse soliloquer Flaubert qui, s'étant levé, fait claquer ses talons sur le carreau de la salle désertée par l'automne et déclame des pages entières du *Vieux*, comme autrefois, à vingt ans, quand il s'enthousiasmait dans sa chambre de l'Hôtel-Dieu.

En médecin qu'il n'a jamais cessé d'être, le savant s'interroge sur la nature singulière de l'homme qui se tient devant lui : est-il sain, est-il malade ? Il s'efforce de comprendre les signes qu'il recueille, les alternances de morosité et d'excitation, le besoin de se donner en spectacle, la bizarre inclination qui porte cet être affable et doux à se réjouir de l'immoralité la plus noire, la lueur d'hostilité qui fulgure par instants dans son regard. Il se demande s'il faut y voir les manifestations du tempérament épileptique dont il sait l'écrivain affligé ; il se rappelle avoir entendu dans la bouche de son père, à l'époque où le procès contre l'auteur de *Madame Bovary* faisait grand bruit à Rouen, des allusions aux nerfs détraqués du fils Flaubert. Il craint que la ruine financière qui l'accable et les inquiétudes qu'elle a fait naître n'entraînent une résurgence du mal. De ce point de vue, le teint congestionné de son compagnon de table n'est pas sans lui inspirer quelque inquiétude : cet homme a besoin de repos.

Profitant d'une accalmie dans les tirades sadisantes de Flaubert, il prend congé en invoquant des travaux à terminer à l'Aquarium.

« À l'Aquarium ! s'exclame l'autre, hilare ; filez donc, ô grand déchireur des voiles de la nature, retournez parmi vos poissons, ô Bandole ! Mais jurez-moi de bien gamahucher votre harem de raies ! De foutre sans pitié les encornets ! Et de sodomiser une huître, pour l'amour de la science ! »

*

Voilà Flaubert en train ; cette soirée l'a fort diverti. De retour dans sa chambre, il avise, en allumant la mèche d'une bougie, la feuille sur laquelle il travaillait avant de descendre dîner.

À la dernière convulsion, il se sentit défaillir.

Sans hésiter, il rature et remplace *convulsion* par *raidissement*. C'est le mot juste : le plus imagé, le plus sonore, le plus précis, celui qu'aurait choisi le Vieux. Il fait encore quelques menues corrections, supprime un groupe de mots superflus ; la griffure de la plume sur le papier excite ses nerfs. C'est cela qu'il aime, raturer, condenser, serrer la phrase jusqu'à ce qu'elle devienne dure et polie comme le marbre.

Une dernière fois, à voix haute, il relit l'ensemble :

Le pigeon, les ailes cassées, palpitait dans les branches d'un troène. La persistance de sa vie irrita l'enfant. Il se mit à l'étrangler – et les convulsions de l'oiseau faisaient battre son cœur et l'emplissaient d'une volupté sauvage et tumultueuse. Au dernier raidissement, il se sentit défaillir.

Mademoiselle Charlotte, remontant vers la mansarde qui lui

tient lieu de logement, surprend des éclats de voix derrière la porte ; quelques mots, comme portés en triomphe, parviennent distinctement à ses oreilles – *persistance, convulsions, tumultueuse, raidissement.* Ce sont des mots qu'elle n'a pas souvent entendu prononcer ; à la messe, peut-être, ou dans la bouche du médecin venu examiner son père, trois jours avant qu'il ne meure.

*

Allongé sur son lit, Flaubert attend le sommeil. La pluie tombe toujours, enveloppant la maison Sergent de son bruissement. Parfois une goutte d'eau plus pesante que les autres s'écrase sur l'appui de la fenêtre. Mais Flaubert ne prête pas attention à la pluie ; au contraire, à mesure que sa respiration se creuse, c'est un paysage de lumière qui se dessine sous ses paupières closes.

Au commencement d'octobre, Pouchet l'avait emmené visiter une annexe de la station marine, un vivier situé sur une petite île, au large de Concarneau. Il faisait un temps splendide ; la mer était calme ; un vent chaud soufflait.

Cette île jouissait d'un climat si doux que des roses, des camélias, des cyprès et même des grenadiers poussaient en pleine terre. La mer apparaissait entre les branches des arbres ; au loin, d'autres îles se dessinaient, rompant la monotonie de la ligne d'horizon. Le ventre des mouettes se détachait, éblouissant, sur le ciel bleu.

Couché sur l'herbe, Flaubert avait laissé la leçon de ce paysage s'imposer à lui ; à l'ombre des grenadiers, face aux eaux claires, il ne ressentait ni désirs, ni nostalgie, ni inquiétudes, ni remords ; ce qu'il sentait monter en lui, c'était une joie nette, légère, mesurée ; un bonheur fait de calme et de lumière, bref et précis comme le cri d'une mouette.

Tel est le paysage intérieur qu'il emporte dans son sommeil : un îlot finistérien transfiguré, par le hasard des alizés et l'euphorie d'un homme guéri du désespoir, en une île où le divin Ulysse aurait pu faire escale.

11

Bien des années plus tard, à l'instigation d'un médecin féru de littérature, Concarneau décida de commémorer le séjour de l'illustre écrivain dans ses murs en apposant une plaque sur la façade de l'ancienne auberge Sergent, transformée par la baguette magique du vingtième siècle en *Hôtel des Voyageurs*.

Une délicate attention avait fixé la date de la cérémonie au 27 avril, jour où quelques amis de Flaubert avaient coutume de fêter avec lui le saint patron qu'il s'était choisi, Polycarpe de Smyrne, qui allait en gémissant : « Mon Dieu, mon Dieu, dans quel temps m'avez-vous fait vivre ! »

Un soleil printanier chauffait le quai. La plaque fut dévoilée ; on prononça des discours ; le tintamarre des goélands couvrait par intervalles le son des voix humaines. S'appuyant sur les *Lettres à sa nièce Caroline* publiées depuis peu par celle-ci, le médecin évoqua le séjour concarnois de Flaubert, mentionna feu Georges Pouchet, les bains de mer, les promenades, la rédaction de *La Légende de saint Julien l'Hospitalier*. L'un des adjoints au maire, de son côté, un jeune homme auquel on promettait une brillante carrière, loua la force de travail et la persévérance de Flaubert, « qui n'exigeait pas, lui, d'être rémunéré à l'heure » : cette allusion aux revendications des sardinières, dont la grève avait récemment troublé l'ordre public, fut très appréciée.

À l'issue de la cérémonie, comme l'assemblée se dispersait en petits groupes, le médecin vit venir à lui une femme d'âge moyen, grasse, affligée d'un strabisme divergent, et qui lui semblait présenter les symptômes d'une légère arriération mentale. Il s'enquit poliment de ce qu'elle voulait, en articulant sa question avec plus de lenteur et de netteté qu'à l'ordinaire.

Elle déclara qu'elle avait un peu connu monsieur Flaubert, étant alors employée par la maison Sergent en qualité de chambrière.

Le fin lettré sentit battre son cœur. Il considéra d'un autre œil la femme qui se tenait devant lui. Elle pouvait avoir été jolie ; des romans s'échafaudaient dans son esprit. Allait-elle lui confier quelque chose, un secret, une relique – ou, mieux encore, des lettres inédites ?

Maîtrisant son excitation, il lui demanda quel souvenir elle avait gardé de l'écrivain. Comme il arrive parfois, la rumeur des conversations environnantes s'était subitement apaisée, si bien que tout le monde, entendant sa question, se tourna vers la pauvre femme.

Elle se souvenait surtout que monsieur Flaubert lui avait un peu parlé de Paris, où elle espérait vivre un jour. Mais une pudeur la retenait de raconter cela, de faire étalage, devant ces inconnus, de ses rêves déçus de jeune fille. Aussi bredouilla-t-elle en rougissant qu'elle ne savait plus.

On se récria : elle devait tout de même se rappeler quelque chose, un détail, n'importe quoi ?

Faisant effort sur elle-même, tâchant de se remémorer le lointain automne de ses seize ans, elle finit par murmurer : « Il fallait lui porter beaucoup de bougies. »

Sa réponse parut délicieuse ; le médecin la remercia d'un sourire ; puis, comme elle restait plantée devant lui d'un air stupide, il tourna les talons. L'adjoint au maire, cheminant avec lui sur le quai, s'apitoya sur le sort de cette femme dont le fils unique, engagé dans la marine, avait péri lors de l'expédition de Chine, tué d'une balle en plein front. Il reposait loin d'ici, dans un port japonais ; elle ne verrait jamais sa tombe.

Les deux hommes marchèrent quelque temps sans rien dire. Au bout du quai, comme ils arrivaient en vue de la station marine, le médecin en vint à parler de Georges Pouchet. L'un des confrères du défunt, un dénommé Pennetier auquel il avait demandé des renseignements pour son discours, lui avait indiqué quelques détails qu'il n'avait pas cru devoir rapporter en public. Pouchet, à sa mort, avait légué tous ses biens à la Société de biologie, n'ayant ni femme, ni enfant, ni sœur, ni frère. Il avait par ailleurs exigé, dans son testament, qu'aucun de ses collègues du Muséum ne fût convié à ses obsèques, parce qu'il désapprouvait leur gestion de cette institution. Quelle intransigeance, quelle raideur ! Dans quelle solitude avait dû mourir cet homme !

Le jeune adjoint haussa les épaules : « Moi, dit-il, je n'en avais jamais entendu parler, de ce Pouchet. »

*

Retrouvons-les une dernière fois, ces futurs morts, avant que le temps ne les ensevelisse dans les commémorations, dans l'indifférence ou dans l'oubli.

L'année 1877 touche à sa fin ; à Rouen, un buste vient d'être inauguré en l'honneur du regretté Félix-Archimède Pouchet, le père de Georges, le promoteur des générations spontanées, le professeur de sciences naturelles de Flaubert, qui est venu de Croisset pour l'occasion.

Après la cérémonie, on s'est retrouvé pour dîner chez Pennetier. La conversation est très enjouée ; l'un des convives, qui dirige l'aquarium du Havre après avoir longtemps séjourné en Afrique, régale la compagnie d'histoires obscènes sur les mœurs des singes. Flaubert en glapit de contentement.

On complimente l'écrivain pour ses *Trois Contes*, parus six mois plus tôt ; nul n'a le mauvais goût de le questionner sur les ventes. On admire la danse de Salomé, les chasses de saint Julien, l'histoire de la servante qui finit ses jours dans l'adoration d'un perroquet empaillé. Pennetier n'est pas peu fier d'apprendre à son confrère du Havre qu'il a prêté à l'auteur, pour les besoins de ce récit, un perroquet des collections taxidermiques du muséum de Rouen. Mais l'autre semble indifférent à ces détails : « Moi, ce que j'aimerais comprendre, dit-il à Flaubert, c'est l'origine de vos idées. Ces contes, comment ont-ils pris forme dans votre esprit ? Où avez-vous trouvé l'inspiration ? D'où cela vous est-il venu ? »

Flaubert amorce une réponse, croise le regard de Pouchet, s'embarrasse dans sa phrase. Pennetier, revenant à ses obsessions, risque alors un bon mot : « Par génération spontanée ? »

La discussion bifurque alors vers des sujets scientifiques. On mentionne les expériences menées à Concarneau et

Flaubert se souvient de la chambre qu'il occupait là-bas, dans l'auberge aux volets délavés. Au même instant, songe-t-il, un autre voyageur est peut-être accoudé à la fenêtre ; il contemple les remparts de la Ville-Close, les chaloupes mouillant dans le bassin, l'eau calme et noire où scintillent les reflets de la lune…

Il demande à Pouchet des nouvelles de la maison Sergent.

« La chambrière, celle qui louche, a perdu sa place : elle est grosse. »

Un peu gris, le Havrais revenu d'Afrique demande à Pouchet, en clignant de l'œil, s'il y est pour quelque chose.

Est-ce parce qu'il a, ce jour-là, contemplé le visage statufié de son père, découvert son regard de pierre ? Au lieu d'ignorer la plaisanterie ou d'y répondre par une boutade, Pouchet secoue gravement la tête. Quelquefois, soupire-t-il, il ressent le manque d'une épouse, d'un enfant, d'un foyer ; un jour, qui sait, cela changera ?

Pennetier baisse les yeux vers son assiette ; Flaubert, songeant à la paternité que lui-même ne connaîtra jamais, écrase une larme ; absorbé dans son ivresse, le Havrais trace en souriant des dessins compliqués sur la nappe.

*

De retour à Croisset pour la nuit, installé dans son cabinet de travail, Flaubert finit de fumer un cigare ; il faudra qu'il demande à Commanville de lui en racheter une boîte. La table est encombrée de livres sur l'archéologie celtique, matière de son prochain chapitre – revigoré par l'écriture de ses contes, il a repris l'histoire des deux bonshommes.

Autour de lui tout est tranquille : Julio le lévrier somnole sur la peau d'ours, la flamme d'une veilleuse mordore le ventre bombé du Bouddha ; dans le jardin, par la fenêtre entrouverte, la forme sombre du tulipier se détache sur le ciel nocturne.

Flaubert songe à la question qu'on lui a posée lors du dîner, et à la bizarre pensée qui lui a traversé l'esprit : l'inspiration m'est venue des poissons, a-t-il failli répondre.

Quelques jours plus tôt, de passage à Rouen pour consulter un livre à la bibliothèque, il est entré dans la cathédrale. Ses pas l'ont conduit jusqu'au déambulatoire, au pied de la grande verrière de saint Julien.

Son œil parcourait les étapes de la vie du saint, telle que la peignit un maître anonyme du treizième siècle : l'enfance, la fuite, les exploits guerriers, le mariage, le crime, la pénitence, l'élévation vers le Christ en gloire. La lumière du jour, filtrée par le vitrail, teintait ses mains de reflets bleus.

Au moment de reprendre son chemin, il a prêté attention, pour la toute première fois, aux trois registres inférieurs, consacrés aux donateurs de la verrière : la corporation des poissonniers. On y voit des hommes présenter, préparer, disposer des poissons d'azur, d'or et de pourpre.

La scène centrale représente un homme incliné sur un étal où gisent des poissons. Est-ce à cause de la posture de l'homme, du spectacle des poissons morts ? Flaubert s'est aussitôt rappelé les dissections auxquelles se livrait Pouchet dans son laboratoire.

Sur le moment, il n'avait vu là qu'une coïncidence amusante. Mais à présent, méditant dans le calme de Croisset, il lui semble entrevoir un lien entre les travaux de Pouchet et le désir qui le prit d'écrire la légende du chasseur parricide.

Pouchet fut son donateur et les poissons son offrande : voilà ce qu'il aurait pu répondre. Il sait bien qu'il n'aurait pas été compris ; du reste, lui-même ne parvient pas à s'expliquer nettement ce rapport, qui lui semble à la fois évident et énigmatique.

N'importe ! Il n'y pensera plus après une bonne nuit de sommeil : d'où vient l'inspiration, comment naissent les livres, ce qui pousse un homme à écrire, ces questions-là ne méritent pas qu'on s'y attarde. Tenter d'y répondre, c'est, comme Isis, se vouer à rassembler les membres épars du cadavre d'Osiris : de même que la déesse ne retrouva jamais le sexe du dieu démembré, l'organe générateur de l'art échappera toujours aux regards.

Il se lève, resserre le cordon de sa robe de chambre, va fermer la fenêtre. Dehors, une pluie fine s'est mise à tomber.

Seule compte l'œuvre accomplie, se dit-il en éteignant la veilleuse ; le reste appartient aux ténèbres.

REMERCIEMENTS

M'ont été très précieux :

- La correspondance de Flaubert, et en particulier le volume IV (janvier 1869-décembre 1875) édité par Jean Bruneau pour la Bibliothèque de la Pléiade (Gallimard).
- L'édition électronique de la correspondance de Flaubert, établie sous la direction d'Yvan Leclerc et Danielle Girard, disponible sur le site du centre Flaubert de l'Université de Rouen (http://flaubert.univ-rouen.fr/correspondance/edition/).
- La transcription des avant-textes et manuscrits de *La Légende de saint Julien l'Hospitalier* par Giovanni Bonaccorso (*Corpus flaubertianum III*, Didier Érudition).
- Le *Dictionnaire Flaubert* paru sous la direction de Gisèle Séginger (Honoré Champion).
- *L'Idiot de la famille*, de Jean-Paul Sartre (Gallimard).
- Enfin, parmi une production critique abondante, les travaux de Juliette Azoulai, Jacques Berchtold, Pierre-Marc de Biasi, Raymonde Debray Genette, Matthieu Desportes, Stéphanie Dord-Crouslé, Shoshana Felman, Sylvie Giraud, Cécile Matthey, Bénédicte Percheron et Didier Philippot.

Je remercie également pour leur lecture, leurs suggestions et leur attention : J.-M. L., D. P., J. A., J.-P. P. et A.V.

Composition : PCA/CMB.
Achevé d'imprimer
sur Roto-Page
par l'Imprimerie Floch
à Mayenne, en janvier 2020.
Dépôt légal : janvier 2020.
1er dépôt légal : décembre 2019.
Numéro d'imprimeur : 95761.
ISBN 978-2-07-285020-2 / Imprimé en France.

368310